Happy & Veggie

CALEIGH MEGLESS-SCHMIDT
FOTOS VON SANDRA MAHUT

Happy & Veggie

120 BUNTE REZEPTE, DIE GLÜCKLICH MACHEN

ÜBERSETZT VON KAREN GERWIG

JAN THORBECKE VERLAG

Inhaltsverzeichnis

Hello, my name is Caleigh

Ich bin in Virginia in den USA aufgewachsen. Seit meiner Kindheit besteht meine Ernährung hauptsächlich aus frischem Gemüse aus dem Familiengarten und den einheimischen Produkten der Bauernhöfe in der Nachbarschaft. Alle Zutaten gab es in nächster Nähe, um sie zu finden, mussten wir nur das Haus verlassen und das Feld überqueren.

Meine Leidenschaft ist Ernährung und der Bezug, den die Leute dazu haben. Nach meinem Studium bin ich nach New York umgezogen und habe am *National Gourmet Institute* angefangen, einer Schule, die einen ganzheitlichen Ansatz anbietet und auf Gesundheit und natürliche Produkte ausgerichtet ist. Diese Ausbildung hat alles durcheinandergeworfen, was ich vorher über Ernährung zu wissen glaubte, und meine Ernährungsgewohnheiten dauerhaft verändert, denn ich habe nicht nur Kochen gelernt, sondern auch, wie die Zutaten auf den Organismus wirken.

2012 bin ich nach Paris gezogen. Mit dem Kochen angefangen habe ich in meiner Wohnung, später für Cafés und Foodtrucks. Nach einem Jahr habe ich KEÏLI aufgebaut (die französische Lautschriftversion meines Vornamens Caleigh), ein „gesundes Gourmetrestaurant", um zu beweisen, dass man gleichzeitig gesund essen und Spaß daran haben kann.

Meine Küche ist bunt und voller Aromen. Sie stützt sich auf die Auswahl frischer, vollwertiger und saisonaler Zutaten. Ich kombiniere gern Geschmäcker und Texturen, indem ich Garmethoden variiere und rohe Lebensmittel integriere, die den Gerichten immer eine besondere Energiekomponente hinzufügen.

Meine Küche ist nicht kompliziert. Ob im Alltag oder Urlaub: Ich habe immer ein paar einfache, schnelle und gesunde Rezepte in der Hinterhand, um meinen Lieben etwas Gutes zu tun.

Dieses Buch enthält eine Auswahl meiner vegetarischen Lieblingsrezepte. Die meisten davon sind auch glutenfrei, denn ich bin seit ungefähr zehn Jahren glutenintolerant. Ihr könnt sie gern nach Lust und Laune und je nach euren persönlichen Bedürfnissen abwandeln. Frühstück, luxuriöser Brunch, Mittagssnack auf die Hand, Familienabendessen, Snacks für die gesellige Runde am Abend oder ein schickes Dinner … es ist alles dabei.

Ich sage meinen Freunden immer, sie müssen sich nicht genau an die Anweisungen halten und können gern improvisieren. Wenn ihr zum Beispiel nicht den vorgesehenen Käse, das richtige Gemüse oder Obst im Haus habt, könnt ihr sie gern durch eine Zutat eurer Wahl ersetzen. Es könnte sein, dass ihr dabei ganz neue Geschmacksrichtungen entdeckt!

Caleigh Megless-Schmidt

Meine Happy&Veggie-Gerichte

Meine Küche spricht alle Sinne an. Sie kombiniert mehrere Arten von Zutaten, denn ich möchte Vielfalt und verschiedene Arten von Nährstoffen, von Texturen und Farben zusammen auf einem Teller haben. Diese vegetarische, gesunde und poppige Küche soll dem Körper Gutes tun, die Geschmacksknospen stimulieren und glücklich machen.

CHECKLISTE DER 7 BESTANDTEILE MEINER REZEPTE

1. Getreide als Basis
Reis, Quinoa, Buchweizen, Dinkel, Mais, usw. geben dem Rezept eine Grundstruktur.

2. Gemüsemix
Ein ausgewogener und bunter Teller muss immer mehrere Gemüsesorten enthalten. Ob sie nun unter der Erde oder in Richtung Sonne wachsen – es sollten bevorzugt saisonale Produkte sein:

- Wurzelgemüse: Karotte, Zwiebel, Bete, Knollensellerie, Radieschen …
- Blattgemüse: Salat, Spinat, Grünkohl, Rhabarber …
- Fruchtgemüse: Tomate, Avocado, Gurke, Paprika, Aubergine …
- Blütengemüse: Artischocke, Blumenkohl, Brokkoli …

3. Gutes Fett
Das „gute Fett" ist für das gute Funktionieren des Organismus unentbehrlich. Es macht die Rezepte besonders appetitlich. Ziegenkäse, Feta, Olivenöl und Kokosnuss sind gute Beispiele für fetthaltige Zutaten, die besonders gesund sind.

4. Ein paar Pickles
Gepickeltes, also milchsauer eingelegtes Obst und Gemüse verleiht den Rezepten Charakter. Ich bereite meine Pickles normalerweise in großen Einmachgläsern auf Vorrat zu, um möglichst viel Zeit zu sparen. Gekaufte Cornichons geben einem Gericht ebenfalls Würze und Pep.

5. Frische Kräuter
Aromatische Kräuter bringen Frische in jedes Gericht und können noch einmal einen besonderen Twist geben. Man kann sich auf dem Markt damit eindecken, oder noch besser: sie selbst zu Hause ziehen!

6. Nüsse und Kerne
Kerne sind sehr gesund, verfeinern jeden Salat und geben zusätzlichen Biss. Ich habe in meinem Vorratsschrank immer Mandeln, Haselnüsse, Sesamsaat, Mohn und Pecannüsse, die ich über meine Gerichte streuen kann.

7. Ein Hauch Salz
Um meine Gerichte zu salzen, nehme ich am liebsten Meersalz, getrocknete Algen oder Tamari-Sojasauce.

Gute Zutaten auswählen

Hier eine Auswahl meiner liebsten Verbündeten in der Küche. Ich benutze sie täglich, sowohl zu Hause als auch in meinem Restaurant. Jede dieser Zutaten spielt eine wesentliche Rolle in der Komposition meiner Gerichte und trägt auf ihre Art am Ende zu ihrer Harmonie bei.

Zitrone
Ich kann nicht ohne Zitrone kochen. Ihr Saft ist belebend, entgiftend und balanciert die Geschmäcker eines Rezeptes aus. Vergesst nicht, auch ihre Zeste zu benutzen!

Knoblauch
Dieses Zwiebelgewächs ist reich an Antioxydantien. Ich finde, man kann ihn in rauen Mengen einsetzen: roh im Hummus, oder in Olivenöl gebraten, um ein Rezept abzurunden.

Tamari
Tamari ist eine gesunde und glutenfreie Sorte von Sojasauce, denn die enthält im Gegensatz zu den anderen Sorten fast keinen Weizen. Ich setze sie oft in meinen Vinaigrettes, Dressings und sogar in Marinaden ein, nicht zuletzt wegen ihres Eiweißgehalts und ihrer Antioxidantien.

Ingwer
Ich liebe diese Wurzel mit dem frischen, scharfen Geschmack in meinen Vinaigrettes und in Comfort Food wie meinen Currys.

Tahini
Mit ihrem reichhaltigen und warmen Geschmack verbindet sich die Sesampaste Tahini mit fast allem. Sie ist eine wunderbare Alternative zu Vinaigrettes. Besonders gern verwende ich sie mit Knoblauch und Ingwer.

Weißer Balsamicoessig
Diesen Essig benutze ich ständig. Er ist nicht so süß wie der normale Balsamico und nicht so sauer wie Apfelessig. Seine Sanftheit balanciert sowohl Vinaigrettes als auch Saucen aus.

Zwiebeln
Vielleicht liegt es an meinen slowakischen Wurzeln, aber ich benutze für alles Zwiebeln! Ob mild oder schärfer, sie verleihen vielen Gerichten Tiefe.

Avocado
Wer mag sie nicht, die Avocado? Sie ist sahnig wie Butter und macht Gerichte cremig. Die Avocado ist in meiner Küche heilig, deshalb bringe ich sie, wenn sie Saison hat, in meinen Gerichten immer zur Geltung.

Ziegenfrischkäse
Ich LIEBE ihn! Die cremige Textur des Ziegenkäses macht auch die einfachsten Gerichte zu Leckereien. Ein Hauch Frische, den man ohne jede Hemmung einsetzen kann.

Feta
Dieser ursprünglich aus Griechenland stammende Käse ist köstlich mit Tomaten, geröstetem Blumenkohl, Aubergine oder Nüssen. Ich breche ihn gern in große Stücke und gebe ihn so in meine Gerichte, mit Olivenöl beträufelt oder mit frischen Kräutern und Walnüssen bestreut.

Kohlrabi
Ich habe den Kohlrabi in Tulum in Mexiko entdeckt. Er war in sehr feine Scheiben geschnitten und als Alternative zur Maistortilla eingesetzt. Ich hoble ihn gern mit dem Gemüsehobel ganz fein und verwende ihn als Garnitur oder in einem frischen Salat.

Kokosnuss
Ich verwende die Kokosnuss in allen ihren Formen: ihr Wasser für Fruchtsäfte, ihr Fleisch für Smoothies, die Milch für die Currys und das Öl für bestimmte Garmethoden.

Griechischer Joghurt
Das ist eine meiner Lieblingszutaten für eine Salatsauce. Seine sahnige Konsistenz und seine Frische verbinden sich sehr schön mit Getreide und Wurzelgemüse. Man kann ihn auch einfach mit Kapern oder Schalotten vermischen, salzen und genießen!

Grünkohl
Mit seinen wunderbar fleischigen grünen Blättern ist der Grünkohl ein natürliches Mittel zur Entgiftung. Man kann ihn roh essen oder in Olivenöl braten. Man sollte die Blätter sehr fein schneiden, um seine Textur abzumildern.

Küchenkräuter
Ich betrachte sie geradezu als Superfood. Meine Favoriten sind Koriander, glatte Petersilie, Schnittlauch, Dill, Estragon, Basilikum, Minze und Rosmarin.

Frühstück

Das Frühstück ist die wichtigste Mahlzeit des Tages. Ich fange den Vormittag gern langsam an, nehme mir Zeit, um meinen Körper aufwachen zu lassen, ihn wieder in Gang zu bringen und ihm zu geben, was er braucht. Unter der Woche muss das Frühstück mit einem Saft, einem Schwarztee und einer Quinoa-Bowl schnell gehen. Am Wochenende nehme ich mir die Zeit, für meine Familie und Freunde zu kochen. In diesem Kapitel finden sich Rezepte für gutes Frühstück in der schnellen und in der ausgedehnten Version.

SELBSTGEMACHTES KNUSPERMÜSLI
GESUNDE BOWLS
KUCHEN & BROT
ENERGY BALLS
PANCAKES
FRITTATA
...

Selbst gemachtes Granola

FÜR 6–8 PORTIONEN • VORBEREITUNG: 10 MINUTEN • ZUBEREITUNG: 20 MINUTEN

Wenn man es selbst macht, ist Granola oder Knuspermüsli ein sehr gesundes Frühstück. Es ist ein Energie-Booster und ganz einfach für die ganze Woche vorzubereiten. Für dieses Rezept verwende ich gerne Kokosnuss, um es leicht zu süßen.

250 g Kürbiskerne
250 g Sesamsaat
200 g Haselnüsse
150 g Mandeln
150 g Cashewkerne
125 g getrocknete Kokosnussspäne
60 g Puffreis
50 g gepuffte Quinoa
250 g Honig
50 g dunkle Schokolade

Den Ofen auf 180 °C vorheizen . In einer Schüssel alle trockenen Zutaten bis auf die Schokolade mischen. Den Honig darüber geben und mit einem Löffel unterrühren.

Das Granola auf zwei mit Backpapier ausgelegten Backblechen verteilen und 20 Minuten backen. Nach der Hälfte der Zeit durchrühren, damit es gleichmäßig wird. Abkühlen lassen.

Die in kleine Stücke gebrochene Schokolade dazugeben. Schmeckt besonders gut mit Kokosjoghurt.

TIPP
Für die vegane Version den Honig durch Agavensirup ersetzen.

AUFBEWAHRUNG
Das Knuspermüsli hält sich bis zu zwei Wochen in einem luftdicht verschlossenen Gefäß.

Müsliriegel mit dunkler Schokolade

6–8 RIEGEL • VORBEREITUNG: 15 MINUTEN • RUHEN LASSEN: 1 STUNDE • BACKZEIT: 10 MINUTEN

Ein Energieriegel für die kleinen Heißhungerattacken, den man überallhin mitnehmen kann. Ich kann euch sagen … die liebt jeder!

200 g dunkle Schokolade
150 g selbstgemachtes Knuspermüsli (siehe Rezept S. 22)

Eine Schüssel auf einen Topf mit heißem Wasser setzen. Die in Stücke gebrochene Schokolade darin im Wasserbad schmelzen.

Die Hälfte des Knuspermüslis in einer Kastenform verteilen. Die geschmolzene Schokolade darauf verteilen. Mit dem restlichen Knuspermüsli bestreuen. Mindestens eine Stunde im Kühlschrank durchkühlen lassen.

Wenn die Schokolade fest geworden ist, mit einem Messer quer in Riegel schneiden.

AUFBEWAHRUNG
Die Riegel halten sich bis zu vier Tage in einem luftdicht verschlossenen Gefäß.

Matcha-Energy-Balls

ERGIBT CA. 10 KUGELN • ZUBEREITUNG: 15 MINUTEN

Das erste Mal habe ich Energy-Balls an einem Strand in Tulum in Mexiko gegessen. Es gab alle möglichen Sorten: mit Banane, Mango, Schokolade … Ich fand die Idee genial! Als ich nach Frankreich zurückkam, habe ich verschiedene Mischungen ausprobiert und diese Zusammenstellung von Trockenfrüchten und Matchatee entdeckt.

30 g Mandeln
30 g Haselnüsse
1 TL Sesamsaat
1 EL Kokosraspel
160 g Datteln ohne Kern oder Dattelpaste
120 g getrocknete Aprikosen
1 TL Sesamsaat
1 EL Kokosraspel
1 TL Matchatee

Die Mandeln, Haselnüsse, Sesamsaat und Kokosraspel im Mixer 30 Sekunden mixen, bis ein ziemlich feines Pulver entsteht. Aber nicht zu lang mixen, sonst wird es Mandelmus!

Die Datteln und die Aprikosen in Stücke schneiden. Mit in den Mixer geben und noch einmal mixen, bis eine Paste entsteht. Sie soll an den Fingern kleben, und es sollen keine Trockenobststückchen zu sehen sein.

Die Paste in eine Schüssel umfüllen, Portionen von 3 g abteilen und zwischen den Händen zu Kugeln rollen.

Die Kugeln in einer Mischung aus Sesamsaat, Kokosraspeln und Matchatee wälzen.

AUFBEWAHRUNG
Die Energy-Balls halten sich bis zu einer Woche in einem luftdicht verschlossenen Gefäß.

Lemon Curd

ERGIBT 350 G • VORBEREITUNG: 5 MINUTEN • KOCHZEIT: 5 MINUTEN • RUHEN LASSEN: 1 STUNDE

Lust auf etwas Neues für den morgendlichen Toast? Dann ist diese leckere Zitronencreme das Richtige. Zitronen sind reich an Vitamin C, einem natürlichen Antioxidans, und ihre Frische verleiht Schwung für den Vormittag.

3 Zitronen
250 g Zucker
110 g weiche Butter
4 Eier

Die Schale der 3 Zitronen fein reiben, dann die Früchte auspressen.

In einem Kochtopf den Zitronenabrieb mit dem Zucker vermischen, dann die Butter zugeben. Eines nach dem anderen die Eier unterrühren, dann den Zitronensaft.

Das Ganze bei niedriger Hitze und unter ständigem Rühren 5 Minuten köcheln lassen, bis die Zitronencreme genügend eingedickt ist.

Eine Stunde abkühlen lassen.

TIPP
Lemon Curd kann man auch als untere Schicht auf einer Tarte rustique (s. S. 222) einsetzen. Einfach himmlisch!

AUFBEWAHRUNG
Lemon Curd lässt sich bis zu 4 Tage in einem Marmeladenglas im Kühlschrank aufbewahren.

Cocooning mit Latte

FÜR 1 PERSON • ZUBEREITUNG: 5–10 MINUTEN

1

Dattel-Babyccino

3–4 Datteln ohne Kern
100 ml Milch
1 EL Rohkakao

In einem kleinen Topf die Milch erhitzen. Falls die Datteln ein bisschen hart sind, 5 Minuten in der Milch einweichen. Die Milch mit den Datteln in einen Mixer geben und 1–2 Minuten mixen. In ein Glas füllen. Rohkakao darübersieben.

2

Chai Latte

10–15 g Chai-Tee
70 ml heißes Wasser
150 ml Milch
1 Prise Zimtpulver

Den Chai in dem heißen Wasser ziehen lassen. Die Milch in einem Topf erhitzen, dabei mit dem Schneebesen aufschlagen, bis eine leichte Schaumschicht entsteht – man kann das auch mit dem Milchaufschäumer machen. Den Chai in eine Teetasse abseihen. Die schaumige Milch zugeben. Mit Zimt bestreuen.

3

Golden Latte

8–10 g Kurkumapaste
50 ml heißes Wasser
150 ml Milch
Frisch gemahlener Pfeffer

In einer großen Teetasse die Paste in heißem Wasser schmelzen lassen. Die Milch in einem Topf erhitzen, dabei mit dem Schneebesen aufschlagen, bis eine leichte Schaumschicht entsteht – man kann das auch mit dem Milchaufschäumer machen. Zu der Kurkuma-Mischung geben. Mit einer Prise frisch gemahlenem Pfeffer bestreuen.

4

Kaffee mit Cashewmilch

1 Espresso
Für die Cashewmilch:
75 g Cashewkerne
400 ml gefiltertes Wasser
½ Prise Salz
½ TL Ahornsirup

Für die Cashewmilch die Cashewkerne mindestens 4 Stunden in einer Schüssel mit Wasser einweichen. Abgießen und abtropfen lassen. 2 Minuten im Mixer mit dem gefilterten Wasser, dem Salz und dem Ahornsirup mixen, bis eine homogene Massen entsteht. Den Kaffee in ein Glas geben und darauf die Cashewmilch.

Pancakes mit gebratenen Früchten

ERGIBT 4 DICKE PANCAKES • VORBEREITUNG: 10 MINUTEN • ZUBEREITUNG: 2 MINUTEN PRO PFANNKUCHEN

In Virginia macht meine Mutter jeden Morgen Pancakes, das ist ein Ritual. Das hier ist ein ganz einfaches Rezept, das man gut am Wochenende machen kann. Das Kastanienmehl bringt eine leichte Süße hinein. Die gebratenen und rohen Früchte können je nach Saison, Lust und Laune variiert werden.

100 g Reismehl
80 g fein gemahlene Mandeln
50 g Kastanienmehl
30 g Kartoffelstärke
2 EL Zucker
½ Päckchen Backpulver
1 Prise Salz
60 g Butter
2 Eier
250 ml Milch

Zum Darübergeben:
Gebratene Früchte
Crème fraîche
Ahornsirup

Mehlsorten, Stärke, Zucker, Backpulver und Salz in einer Schüssel mischen. In die Mitte eine Kuhle machen.

Die Hälfte der Butter schmelzen. In einer zweiten Schüssel die Eier, die Milch und die geschmolzene Butter mischen, dann in die Kuhle in der Mehlmischung gießen. Rühren, bis eine homogene Mischung entstanden ist.

Eine kleine Pfanne auf kleiner Stufe erhitzen. Ein Stückchen von der restlichen Butter darin schmelzen lassen und eine kleine Schöpfkelle Teig darin verteilen. Die Pancakes jeweils eine Minute pro Seite backen.

Die Pancakes mit in etwas Butter gebratenen Früchten, Crème fraîche oder Ahornsirup servieren.

Toast mit Ricotta und Früchten

FÜR 6–8 BROTE • ZUBEREITUNG: 15 MINUTEN

Dieses Rezept ist perfekt für ein Picknick oder für einen Brunch. Die Kirschen und Himbeeren kann man durch andere Früchte der Saison ersetzen. Die eingelegten Zwiebeln schaffen ein schönes Gleichgewicht zwischen den süßen Früchten und dem cremigen Ricotta.

100 g Kirschen
5–6 Radieschen
250 g Himbeeren
3 EL eingelegte Zwiebeln (siehe Rezept S. 170)
1 EL Olivenöl
Saft von ½ Zitrone
125 g Ricotta
6–8 Toasts oder Cracker
1 Prise Fleur de Sel
1 Prise frisch gemahlener Pfeffer
1 Handvoll Küchenkräuter (Koriander, glatte Petersilie, Dill …)

Die Kirschen entkernen und halbieren. Die Radieschen in Scheibchen schneiden.

Die Himbeeren, Kirschen und die eingelegten Zwiebeln in eine Schüssel geben. Mit Olivenöl und Zitronensaft beträufeln. Vorsichtig mischen, damit die Himbeeren nicht zerdrückt werden.

Die Toastscheiben dick mit Ricotta bestreichen. Mit einer Prise Salz bestreuen, dann die Obstmischung darauf verteilen. Mit Radieschenscheiben und Kräutern bestreuen. Pfeffer darüber und genießen!

Kastanien-Mandel-Waffeln

FÜR 4–6 WAFFELN • VORBEREITUNG: 10 MINUTEN • BACKZEIT: 1–2 MINUTEN PRO WAFFEL

Jeder mag Waffeln! Ob zum Brunch oder zwischendurch: Dieses sowohl gesunde als auch leckere Rezept verfehlt nie seine Wirkung bei meinen großen und kleinen Gästen.

100 g Reismehl
80 g Kastanienmehl
80 g gemahlene Mandeln
40 g Kartoffelstärke
1 Päckchen Backpulver
120 g leicht gesalzene Butter
100 g Rohrohrzucker
2 Eier
500 ml Milch

Garnitur:
Puderzucker
Frische Früchte
Ahornsirup

Die verschiedenen Mehlsorten in einer Schüssel mit den gemahlenen Mandeln, der Stärke und dem Backpulver mischen. In die Mitte eine Kuhle machen.

Die Butter in einem Topf schmelzen. Den Zucker und die Eier zufügen. Das Ganze nach und nach in die Kuhle gießen und vermischen. Vorsichtig die Milch unterarbeiten, bis ein glatter Teig entsteht.

Das Waffeleisen aufheizen. Eine Kelle Teig hineingeben, den Deckel schließen und die Waffel 1–2 Minuten backen.

Die Waffeln mit Puderzucker bestreut und mit frischen Früchten und Ahornsirup servieren.

TIPP
Für eine Variante ohne Milchprodukte kann man die Milch einfach durch Haferdrink ersetzen.

Heidelbeer-muffins

FÜR 6–8 PERSONEN • VORBEREITUNG: 10 MINUTEN • ZUBEREITUNG: 15 MINUTEN

Dieses Rezept ist eine Hommage an meine Großeltern. Sie haben die besten Heidelbeermuffins gebacken, die ich je probieren durfte. Heidelbeeren sind reich an Vitaminen und Antioxidantien und verleihen die nötige Energie, um gut in den Tag zu starten.

- 250 g gemahlene Mandeln
- 140 g Reismehl
- 100 g Kastanienmehl
- 1 Prise Fleur de Sel
- 250 g Zucker
- 5 Eier
- 240 g geschmolzene, abgekühlte Butter
- 100 g Heidelbeeren

Den Ofen auf 180 °C vorheizen. In einer Schüssel die gemahlenen Mandeln, die beiden Mehlsorten und das Salz mischen.

In einer zweiten Schüssel den Zucker mit den Eiern 3 Minuten schlagen. Die Butter einrühren, dann die Mehlmischung. Mit einem Spatel vorsichtig die Heidelbeeren unterheben.

Den Teig in Muffinformen verteilen und ca. 15 Minuten backen, bis die Muffins schön goldbraun sind.

TIPP

Dieses Rezept funktioniert auch in Form von Scones! Dazu gibt man den Teig löffelweise auf ein mit Backpapier belegtes Blech und backt die so entstehenden Taler. Wenn die Scones fertig gebacken sind, schneidet man sie in der Mitte durch und bestreicht sie mit etwas Butter.

Cake mit Äpfeln und Haselnüssen

FÜR 6–8 PERSONEN • VORBEREITUNG: 20 MINUTEN • BACKZEIT: 45 MINUTEN • RUHEN LASSEN: 20 MINUTEN

Äpfel sind ballaststoffreich und Haselnüsse ein natürlicher Booster fürs Gehirn! Man backt den Kuchen am besten in einer Kastenform. Wer keine hat, kann auch eine runde Kuchenform benutzen.

5 (4+1) Äpfel
125 g Butter
50 g Haselnüsse
140 g Reismehl
35 g Kastanienmehl
25 g gemahlene Mandeln
15 g Tapiokastärke
1 Prise Fleur de Sel
3 Eier
200 g Zucker

Den Ofen auf 160 °C vorheizen. 4 Äpfel schälen und würfeln. In einem Topf mit 1 Esslöffel Zucker und 2 Esslöffeln Wasser erhitzen. Abdecken und 10–15 Minuten bei schwacher Hitze garen. Die Apfelwürfel mit einer Gabel zerdrücken oder im Mixer mixen, bis eine glatte Textur entsteht.

In einem zweiten Topf die Butter schmelzen und abkühlen lassen. Die Haselnüsse hacken.

In einer Schüssel die beiden Mehlsorten, die gemahlenen Mandeln, die Tapiokastärke, das Fleur de Sel und die gehackten Haselnüsse mischen.

In einer zweiten Schüssel das Apfelmus, die geschmolzene Butter, die Eier und den Zucker zusammen aufschlagen. Mit einem Holzlöffel die trockenen Zutaten einarbeiten, bis eine homogene Mischung entsteht, den Teig aber nicht zu sehr verrühren.

Die Mischung in eine mit Backpapier ausgekleidete Kastenform gießen. Den letzten Apfel in feine Scheiben schneiden und hübsch auf dem Teig garnieren. 45 Minuten backen, bis der Kuchen schön goldbraun ist. 20 Minuten abkühlen lassen und dann aus der Form stürzen.

TIPP
Um Zeit zu sparen, kann man auch 250 g fertiges Apfelmus verwenden.

Bananenbrot

FÜR 6–8 PERSONEN • VORBEREITUNG: 15 MINUTEN • BACKZEIT: 40 MINUTEN • RUHEN LASSEN: 20 MINUTEN

In meinem Restaurant in Paris backen wir dieses Rezept jeden Tag. Versucht es mal nach KEÏLI-Art als warme Toasts mit einem Stückchen geschmolzener Butter und einer Prise Kokosraspel darauf. Es ist ein Gedicht!

125 g Butter
140 g Reismehl
35 g Kastanienmehl
50 g Mandeln
50 g Haselnüsse
25 g gemahlene Mandeln
15 g Tapiokastärke
1 Prise Fleur de Sel
4 (3+1) sehr reife Bananen
3 Eier
200 g Zucker

Den Ofen auf 150 °C vorheizen. In einem Topf die Butter schmelzen und dann abkühlen lassen.

In einer Schüssel die beiden Mehlsorten, die Mandeln, die Haselnüsse, die gemahlenen Mandeln, die Tapiokastärke und das Fleur de Sel mischen.

3 Bananen schälen und in einer zweiten Schüssel mit der Gabel zerdrücken. Die geschmolzene Butter, die Eier und den Zucker zugeben, dann alles aufschlagen.

Mit einem Holzlöffel die trockenen Zutaten einarbeiten, bis eine homogene Mischung entsteht, den Teig aber nicht zu sehr verrühren. Die Mischung in eine mit Backpapier ausgekleidete Kastenform gießen. Die letzte Banane längs in der Mitte durchschneiden und auf den Teig legen.

40 Minuten backen, bis der Kuchen schön goldbraun ist. 20 Minuten abkühlen lassen und dann aus der Form stürzen.

Healthy Smoothies

FÜR 2 PERSONEN • ZUBEREITUNG: 5 MINUTEN

1 Mango-Kurkuma

100 g Mango
2 kleine gefrorene Bananen
3–4 cm Kurkumawurzel
200 ml Kokosmilch

Die Mango schälen und vom Kern lösen. Das Fruchtfleisch würfeln. Die Bananen schälen und in Scheiben schneiden. Die Kurkumawurzel schälen und in Stücke schneiden. Alle Zutaten in einen Mixer geben und 2 Minuten mixen. In 2 Gläser gießen und sofort genießen.

2 Pink Passion

100 g Pitaya (Drachenfrucht)
2 kleine gefrorene Bananen
2–3 Datteln
200 ml Kokosmilch

Die Schuppen der Pitaya abschneiden und die Frucht in Stücke schneiden. Die Bananen schälen und in Scheiben schneiden. Die Datteln entkernen. Alle Zutaten in einen Mixer geben und 2 Minuten mixen. In 2 Gläser gießen und sofort genießen.

3 Acai-Kirsche

2 kleine Bananen
100 g Kirschen
2 Datteln
100 g Acaipulver
200 ml Haferdrink
Saft von ½ Zitrone

Die Bananen schälen und in Scheiben schneiden. Die Kirschen und die Datteln entsteinen. Alle Zutaten in einen Mixer geben und 2 Minuten mixen. In 2 Gläser gießen und sofort genießen.

4 Green Avocado

½ Avocado
1 Banane
20 g Grünkohl
100 g Heidelbeeren
1 TL Spirulinapulver
1 EL Rohkakao
1 EL Honig
200 ml Hafer-, Reis- oder Hanfdrink

Die Avocado schälen und vom Kern lösen. Die Banane schälen und in Scheiben schneiden. Die Grünkohlblätter einzeln in kleine Stücke reißen. Alle Zutaten in einen Mixer geben und 2 Minuten mixen. In 2 Gläser gießen und sofort genießen.

Quinoa-Bowl

FÜR 1 PERSON • VORBEREITUNG: 5 MINUTEN • ZUBEREITUNG: 15 MINUTEN

Ersetzt eure gewohnten Cornflakes doch einmal durch Quinoa. Die ist viel gesünder und reich an Proteinen, Ballaststoffen und Antioxidantien. Ein Superfood, das neun für den Organismus wichtige Aminosäuren enthält. Diese Bowl ist das ideale Frühstück, um an Wochentagen in Gang zu kommen.

100 g helle Quinoa
1 Prise Fleur de Sel
1 EL Haselnusspaste
1 EL Honig
4–5 Erdbeeren
30 g selbstgemachtes Knuspermüsli (siehe Rezept S. 22)
100 ml Mandeldrink

Salzwasser zum Kochen bringen. Die Quinoa hineingeben und ungefähr 15 Minuten köcheln lassen, bis die Körner aufspringen. Gut abtropfen lassen.

Eine Portion Quinoa in eine Schale geben. Haselnusspaste und Honig dazugeben – sie schmelzen auf dem heißen Quinoa, dann sind sie noch besser!

Die Erdbeeren längs aufschneiden und die Bowl damit dekorieren. Das Knuspermüsli zugeben und mit dem Mandeldrink übergießen. Sofort genießen.

TIPP
Für die vegane Version den Honig durch Agavensirup ersetzen.

Chai-Chia-Bowl

FÜR 1 PERSON • TEE ZIEHEN LASSEN: 5 MINUTEN • KÖRNER EINWEICHEN: 15 MINUTEN • ZUBEREITUNG: 5 MINUTEN

Chiasamen gehören zur den Superfoods. Sie haben sehr wenig Kalorien, sind gut für die Verdauung und für die Haut. Dieses Rezept ist leicht zuzubereiten und eine gute Wahl für ein schnelles Frühstück. Für das Topping kann man ganz nach Lust und Laune Früchte der Saison, Nüsse und Kerne variieren.

2,5 g Chai (indischer Gewürztee)
100 ml Kokosmilch oder Reisdrink
50 g Chiasamen

Topping:
2 kleine Bananen
1 Handvoll Heidelbeeren
6–8 entsteinte Kirschen
20 g gehackte Mandeln

In einer Schale das Chaipulver mit der Kokosmilch mischen und 5 Minuten ziehen lassen.

Die Chiasamen dazugeben und 15 Minuten einweichen lassen, bis die Samen schön aufgequollen sind und die ganze Flüssigkeit aufgesogen haben.

Das Ganze mit Bananenscheiben, Heidelbeeren, Kirschen und gehackten Mandeln garnieren.

Eier Benedikt

FÜR 4 PERSONEN • VORBEREITUNG: 15 MINUTEN • ZUBEREITUNG: 20 MINUTEN

Ich liebe Eier Benedikt! Es ist ein Klassiker, den meine Gäste beim Brunch bei uns zu Hause besonders mögen. Bei dieser einfachen und schnellen Version ersetze ich das Brot durch gebratenes Gemüse. Die Radieschen bringen den Biss und der Rosmarin den Frische-Kick.

½ Blumenkohl
½ Bund Radieschen
1 Zucchini
1 EL Olivenöl
1 Zweig Rosmarin
4 Eier
Salz und Pfeffer

Sauce Hollandaise:
250 g Butter
3 Eigelb
1 EL Zitronensaft
1 Prise Salz
1 Prise Cayennepfeffer

Den Blumenkohl in mundgerechte Röschen schneiden. Die Radieschen waschen und putzen. Die Zucchini mit dem Gemüsehobel in feine Scheiben hobeln. Das Gemüse 8–10 Minuten in Olivenöl anbraten. Würzen und vom Herd nehmen. Die Rosmarinnadeln darüberzupfen.

Einen Topf Wasser zum Kochen bringen und simmern lassen. Ein Ei in eine Tasse aufschlagen. Dann mit einem Löffel oder Pfannenwender einen Wirbel im Wasser herstellen und das Ei vorsichtig aus der Tasse in die Mitte des Strudels gleiten lassen. Ca. 3 Minuten kochen lassen – die Eier sind perfekt, wenn das Eigelb noch flüssig ist. So nacheinander alle Eier kochen und sie jeweils vorsichtig mit einer Schaumkelle herausholen und auf Küchenpapier abtropfen lassen.

Für die Sauce Hollandaise die Butter bei niedriger Hitze in einem Topf schmelzen lassen und beiseitestellen. Die Eigelbe mit dem Zitronensaft und dem Salz in den Mixer geben. Nach und nach beim Mixen die geschmolzene Butter zugeben, bis eine dicke, glatte Textur entsteht. Mit Cayennepfeffer würzen.

Auf den Tellern jeweils das Gemüse anrichten, ein Ei darauf platzieren und mit der frisch gemachten Sauce übergießen.

Wellness-Säfte

FÜR 2 PERSONEN • ZUBEREITUNG: 5 MINUTEN

1 Green Detox

2 Selleriestangen
½ Gurke
½ Fenchel
¼ Melone
1 cm frischer Ingwer
Saft von ½ Zitrone

Das Gemüse, die Melone und den Ingwer waschen, putzen und schälen. In grobe Stücke schneiden. Das Ganze im Entsafter entsaften und den Zitronensaft zugeben. Sofort genießen.

2 Summer Morning

½ Melone
1 cm frischer Ingwer

Die Melone von den Kernen befreien und schälen. Den Ingwer schälen. Beides in Stücke schneiden. Das Ganze im Entsafter entsaften. Sofort genießen.

3 Coco-Mango

1 Mango
½ Gurke
250 ml Kokoswasser
1 Prise Cayennepfeffer

Die Mango halbieren und vom Kern lösen. Die Gurke schälen. Beides in Stücke schneiden und im Entsafter entsaften. Das Kokoswasser und den Cayennepfeffer zugeben. Gut umrühren und sofort genießen.

4 Karotte-Limette

2 Karotten
4 Stangen Sellerie
1 cm frischer Ingwer
Saft von ½ Zitrone
Saft von ½ Limette

Das Gemüse waschen und in grobe Stücke schneiden. Den Ingwer und wenn nötig die Karotten schälen. Das Ganze im Entsafter entsaften und den Zitronen- und Limettensaft zugeben. Sofort genießen.

Avocado-Toasts

FÜR 2 PERSONEN • ZUBEREITUNG: 8 MINUTEN

Die Avocado gehört zu den nährstoffreichsten Lebensmitteln von allen! Sie ist voller Ballaststoffe, gutem Fett, Vitamin K und Kalzium und in der modernen Küche zur Spitzenzutat geworden. Das hier ist meine Neuinterpretation des Acovado-Toasts mit der Cremigkeit des Ziegenkäses und der Frische der Erbsensprossen.

2 Scheiben glutenfreies Brot oder Sauerteigbrot
2 Avocados
150 g Ziegenfrischkäse
1 Handvoll Pistazien
1 Handvoll Erbsensprossen
1 Handvoll gemischter Salat
1 EL Olivenöl
Saft von ½ Zitrone
Salz und Pfeffer

Die Brotscheiben toasten. Die Avocados entkernen und schälen, das Fruchtfleisch längs in feine Scheiben schneiden.

Den Ziegenfrischkäse großzügig auf den Toasts verstreichen und die Avocadoscheiben darauf garnieren. Mit Salz und Pfeffer würzen.

Die Pistazien grob hacken. In einer Schüssel die Erbsensprossen mit dem Salat mischen. Mit Olivenöl und Zitronensaft beträufeln. Mit Salz und Pfeffer würzen. Den Salat auf den Toasts verteilen und für den letzten Schliff mit den Pistazien bestreuen.

Morning Burrito

FÜR 4 PERSONEN • VORBEREITUNG: 15 MINUTEN • ZUBEREITUNG: 10 MINUTEN

Lust auf ein originelles und vollwertiges Frühstück? Dann habe ich hier das perfekte Rezept für eine gemütliche Runde mit Familie oder Freunden am Wochenende.

1 Zwiebel
1 grüne Paprika
1 EL Olivenöl
4 Eier
2 Maistortillas
2 Avocados
½ Bund glatte Petersilie
½ Bund Koriander
1 EL griechischer Joghurt
1 Prisen Cayennepfeffer
100 g Luzernensprossen (Alfalfa)
1 Limette
Salz und Pfeffer

Die Zwiebel schälen und in feine Scheiben schneiden. Die Paprika entkernen und in feine Spalten schneiden. Beides in dem Olivenöl anbraten. Mit Salz und Pfeffer würzen und zur Seite stellen.

Die Eier in einer Schüssel aufschlagen. Mit Salz und Pfeffer würzen. Ca. 5 Minuten bei niedriger Hitze in einer Pfanne stocken lassen, dabei regelmäßig umrühren. In einer zweiten Pfanne bei niedriger Hitze die Tortillas aufwärmen, das Rührei und die Zwiebel-Paprika-Mischung darauf verteilen.

Die Avocado vom Kern befreien, schälen und das Fruchtfleisch längs in feine Scheiben schneiden. Die Avocado-Scheiben auf den Tortillas anrichten. Das Ganze mit grob gehackter Petersilie und Koriander bestreuen.

Jeden Burrito mit griechischem Joghurt, einer Prise Cayennepfeffer, Luzernensprossen und einem Limettenviertel garnieren und dann gemeinsam genießen.

Montana Breakfast

FÜR 2 PERSONEN • VORBEREITUNG: 15 MINUTEN • ZUBEREITUNG: 10 MINUTEN

Das ist das Cowboyfrühstück schlechthin, nur für eine etwas ausgewogenere Version leicht abgewandelt mit schwarzen Bohnen und Gemüse.

150 g schwarze Bohnen, vorgekocht
2 Maistortillas
2 EL Olivenöl
2 Eier
1 Avocado
½ Gurke
½ Fenchel
1 gelbe Tomate
2 Stängel Koriander
2 EL scharfe Sauce (siehe Rezept S. 244)
Salz und Pfeffer

Den Ofen auf 180 °C vorheizen. In einem Topf die Bohnen bei niedriger Hitze 5–10 Minuten erhitzen. Mit Salz und Pfeffer würzen.

Die Tortillas mit dem Öl bepinseln. 3 Minuten im Ofen knusprig backen. Abkühlen lassen und salzen.

In einer Pfanne bei mittlerer Hitze in einem Esslöffel Olivenöl die Spiegeleier braten.

Die Avocado schälen und vom Kern befreien. In feine Scheiben schneiden. Die Gurke schälen und in feine Streifen schneiden, den Fenchel ebenfalls. Die Tomate in feine Scheiben schneiden. Den Koriander zupfen.

Die Tomatenscheiben auf Tellern auslegen. Die Bohnen zugeben, dann die Spiegeleier. Mit knusprigen Tortillastücken und Fenchel-, Gurken- und Avocadostreifen garnieren.
Mit Koriander bestreuen und mit scharfer Sauce beträufeln.

Dutch Baby Pancake

FÜR 4 PERSONEN • VORBEREITUNG: 15 MINUTEN • ZUBEREITUNG: 20 MINUTEN

Der Dutch Baby Pancake oder auch Ofenpfannkuchen ist eine Überraschung, wenn man ihn das erste Mal macht, denn man würde nicht denken, dass der Teig so aufgeht. Aber Vorsicht, er fällt auch wie ein Soufflé wieder in sich zusammen! Man sollte ihn also sofort essen.

125 g Weizenmehl
3 Eier
200 ml Milch
50 g Butter + etwas mehr fürs Backen
2 EL Maisstärke
Salz und Pfeffer

Garnitur:
2 Frühlingszwiebeln
4 Eier
110 g Feta
2 Avocados
1 Handvoll Rauke
110 g Cheddar

Den Ofen auf 220 °C vorheizen. Eine ofentaugliche Pfanne 20–25 Minuten im Ofen mit vorheizen.

Alle Zutaten für den Teig in einen Mixer geben. Ca. 10 Sekunden mixen, dann die Masse vom Rand lösen und noch einmal 10–20 Sekunden mixen, bis eine homogene Mischung entsteht.

Die Pfanne aus dem Ofen holen. Ein bisschen Butter darin schmelzen lassen, dann den Teig hineingießen. 20 Minuten im Ofen backen, bis der Pfannkuchen gut aufgegangen ist.

Die Garnitur vorbereiten: Die Zwiebeln putzen und hacken. 5 Minuten bei mittlerer Hitze in einer Pfanne anbraten. In einer zweiten Pfanne die Spiegeleier braten. Den Feta zerkrümeln. Die Avocados schälen und vom Kern befreien. Das Fruchtfleisch in dünne Scheiben schneiden. Die Rauke waschen und trocken schleudern. Den Cheddar würfeln oder reiben.

Den Pfannkuchen sofort, wenn er aus dem Ofen kommt, garnieren und genießen.

TIPP
Für die glutenfreie Version das Weizenmehl durch eine Mischung aus 80 g Reismehl, 40 g Mandelmehl oder gemahlene Mandeln, 20 g Kartoffelstärke und 10 g Tapiokamehl ersetzen.

Frittata mit Ziegenkäse und Paprika

FÜR 4 PERSONEN • VORBEREITUNG: 20 MINUTEN • ZUBEREITUNG: 30 MINUTEN

Ein gesundes und leckeres Rezept zum Teilen. Die Frittata kann man in Stücke schneiden wie eine Quiche und mit einem würzig angemachten grünen Salat servieren, dann hat man eine komplette Mahlzeit.

1 orangefarbene Paprika
2 kleine rote Paprika
1 EL Olivenöl
6 Eier
1 EL Sahne
1 Bund Koriander
1 Frühlingszwiebel
100 g Ziegenfrischkäse
Salz und Pfeffer

Den Ofen auf 180 °C vorheizen. Die Paprika entkernen und in Streifen schneiden. In einer ofenfesten Pfanne mit dem Öl fünf Minuten bei niedriger Hitze anbraten. Mit Salz und Pfeffer würzen.

In einer Schüssel die Eier mit der Sahne schlagen. Den Koriander hacken. Die Zwiebel schälen und hacken, beides in die Eiermischung geben. Mit Salz und Pfeffer würzen.

Die Eiermischung über die Paprika gießen. Den Ziegenkäse grob zerbröseln und dazugeben und das Ganze ca. 5 Minuten ohne zu rühren bei mittlerer bis guter Hitze stocken lassen. Dann die Pfanne in den Ofen stellen und ca. 20 Minuten garen, bis die Frittata schön goldbraun ist.

American Hash

FÜR 4 PERSONEN • VORBEREITUNG: 20 MINUTEN • ZUBEREITUNG: 40 MINUTEN

Die Amerikaner lieben dieses Gericht. Es gibt dort alle möglichen Varianten davon. Ich rate dazu, die Kartoffeln am Vortag vorzukochen, damit es zum Frühstück schneller geht.

5 Schalotten
5–6 Kartoffeln
2 EL Olivenöl
5 Salbeiblätter
1 Blumenkohl mit Blättern
6 Shiitake-Pilze
½ Bund glatte Petersilie
Salz und Pfeffer

Garnitur:
4 Eier
1 EL Crème fraîche
1 TL Harissa

Die Schalotten schälen und hacken. Die Kartoffeln schälen und in Stücke schneiden. Das Olivenöl in einer großen Pfanne auf mittlerer Hitze heiß werden lassen, dann die Schalotten, die Kartoffeln und den Salbei 20 Minuten braten, dabei ab und zu wenden. Mit Salz und Pfeffer würzen.

Den Blumenkohl in Röschen schneiden und die Blätter grob hacken. Die Pilze blättrig schneiden und die Petersilie fein hacken.

Den Blumenkohl mit seinen Blättern in die Pfanne geben und 10 Minuten mitbraten lassen. Die Pilze zufügen und noch einmal 6-8 Minuten garen. Mit Salz und Pfeffer würzen und mit der gehackten Petersilie bestreuen.

In einer zweiten Pfanne mit etwas Fett Spiegeleier braten. Die Spiegeleier in der ersten Pfanne auf den Bratkartoffeln anrichten und das Ganze mit der Crème fraîche und ein wenig Harissa servieren, mit denen sich jeder seine Portion selbst abrunden kann.

Natürliche Kräutertees

FÜR 4 PERSONEN • ZUBEREITUNG: 5–10 MINUTEN

1 Am Morgen

1 l heißes Wasser
2 Beutel Earl Grey
6 Minzblätter
5–6 Brombeeren

In einer Wasserkaraffe den Schwarztee und die Minze mit dem heißen Wasser übergießen und 10 Minuten ziehen lassen. Abkühlen lassen. Die Brombeeren zugeben. Kühl genießen.

2 Detox

1 Grapefruit (bio)
4 Erdbeeren
4 Brombeeren
1 l Sprudelwasser
Saft von 1 Zitrone
2 Zweige Rosmarin

Die Grapefruit in feine Scheiben schneiden. Das Sprudelwasser in eine Karaffe gießen. Die Zutaten dazugeben und 5–10 Minuten im Kühlschrank durchziehen lassen.

3 Sommer

1 cm frischer Ingwer
1 Zitrone (bio)
1 l heißes Wasser
2 Beutel grüner Tee
3 Lorbeerblätter
10 Heidelbeeren

Den Ingwer schälen. Die Zitrone und den Ingwer in Scheiben schneiden. In einer Wasserkaraffe den Tee aufgießen und zusammen mit dem Lorbeer, dem Ingwer und der Zitrone 10 Minuten ziehen lassen. Abkühlen lassen. Die Heidelbeeren zugeben. Kühl genießen.

4 Verdauung

1 l heißes Wasser
2 Beutel grüner Tee
4 Zweige Thymian
1 TL rosa Pfefferbeeren
3–4 Feigen

In einer Wasserkaraffe den Tee mit dem Thymian und dem rosa Pfeffer aufgießen. Abkühlen lassen. Die Feigen halbieren und zugeben. Kühl genießen.

Lunch

Das Mittagessen ist ein wichtiger Moment, um die Energiereserven aufzutanken. Manchmal ist es aber gar nicht so leicht, sich mitten am Tag die Zeit für eine richtige Pause zu nehmen … In diesem Kapitel stelle ich Mahlzeiten vor, die vollwertig, bunt, reich an Gemüse und an pflanzlichem Eiweiß sind. In jedem Gericht verbinden sich verschiedene Texturen, gute Fette, etwas Knackiges und Säure. Hier ist für jeden Geschmack und Appetit etwas dabei.

TACOS & WRAPS
ÜPPIGE SALATE
HAUPTGERICHTE
QUICHES
…

Süßkartoffel-tacos

FÜR 4–6 PERSONEN • VORBEREITUNG: 15 MINUTEN • ZUBEREITUNG: 10–12 MINUTEN

Als das Abenteuer KEÏLI losging, hatten wir einen Foodtruck an den Ufern der Seine in Paris. Wir boten jeden Abend drei Tacogerichte an. Dieses Rezept hat einen solchen Erfolg gehabt, dass ich es unbedingt in dieses Buch aufnehmen musste.

1 Süßkartoffel
1 EL Olivenöl
¼ Rotkohl
100 ml Tahini-Sauce
(siehe Rezept S. 244)
1 Avocado
4 Radieschen
125 g Feta
1 Bund Koriander
4–6 Maistortillas

Scharfe Mayonnaise:
1 Eigelb
1 TL Senf
250 ml Rapsöl
½ Prise Paprikapulver
½ Prise Chipotlepulver
½ Prise gemahlener Koriander
½ Prise Knoblauchpulver
½ Prise gemahlener Kreuzkümmel
Saft von ½ Limette
Salz und Pfeffer

Den Ofen auf 180 °C vorheizen. Die Süßkartoffel schälen und mit dem Gemüsehobel in ca. 2 Millimeter dicke Scheiben hobeln. Auf einem mit Backpapier ausgelegten Backblech verteilen. Sie sollen sich möglichst nicht überlappen, damit sie gleichmäßig gar werden. Mit Olivenöl beträufeln und mit Salz und Pfeffer würzen. 10–12 Minuten im Ofen backen, bis die Scheiben weich sind.

Den Kohl in feine Streifen schneiden. In einer Schüssel mit der Tahini-Sauce mischen. 5 Minuten ziehen lassen.

Die Avocado schälen und vom Kern befreien, dann das Fruchtfleisch in feine Lamellen schneiden. Die Radieschen putzen und in feine Scheibchen schneiden. Den Feta zerbröckeln. Den Koriander grob hacken.

Die scharfe Mayonnaise zubereiten: In einer Schüssel das Eigelb mit dem Senf verrühren, mit einer Prise Salz und ein paar Tropfen Rapsöl verrühren, bis eine homogene Konsistenz entsteht. Dann das restliche Öl vorsichtig nach und nach einarbeiten, dabei immer weiter schlagen, bis die Mayonnaise anzieht. Probieren, und falls sie noch nach Ei schmeckt, mehr Öl zufügen. Die selbstgemachte Gewürzmischung und den Limettensaft einrühren. Nachwürzen, falls nötig.

Die Süßkartoffelscheiben auf den Tortillas verteilen, darauf den Kohlsalat, die Radieschen, den Feta, die Avocado und den Koriander. Einen Löffel Mayonnaise zugeben. Fertig!

Mini-Tacos mit Ananas-Salsa

FÜR 4 PERSONEN • VORBEREITUNG: 20 MINUTEN • ZUBEREITUNG: 10 MINUTEN • ZEIT FÜRS MARINIEREN: 5–10 MINUTEN

Ich liebe Mini-Tacos zum Mittagessen, wenn es unter der Woche schnell gehen muss. Ich habe immer eine fertige Ananas-Salsa im Kühlschrank. Dann muss ich nur noch die Zutaten kombinieren und das Essen ist fertig!

1 EL Olivenöl
100 g schwarze Bohnen, vorgekocht
100 ml Kokosmilch
2 Radieschen
1 Frühlingszwiebel
4 kleine Maistortillas
100 g griechischer Joghurt
Salz und Pfeffer

Ananas-Salsa:
2 Avocados
1 Limette
½ rote Zwiebel
100 g Ananas
1 Bund Koriander
Ein Spritzer Olivenöl

Zum Servieren:
150 ml scharfe Sauce (siehe Rezept S. 244)

Für die Salsa die Avocados halbieren, den Kern entfernen und das Fruchtfleisch fein würfeln. In eine Schüssel geben, mit etwas Limettensaft beträufeln und salzen. Die rote Zwiebel schälen und die Hälfte ebenfalls klein würfeln, genauso die Ananas. Den Koriander zupfen. Alles in der Schüssel miteinander vermischen. Mit einem Spritzer Olivenöl und dem Limettensaft beträufeln. Mit Salz und Pfeffer würzen. 5–10 Minuten ziehen lassen.

In einem kleinen Topf bei niedriger Hitze das Olivenöl erhitzen. Die abgetropften Bohnen und die Kokosmilch zugeben. 6–8 Minuten köcheln lassen, ab und zu umrühren. Die Frühlingszwiebel in feine Streifen schneiden.

Die Tortillas erhitzen. Wahlweise in einer heißen Pfanne, im vorgeheizten Ofen (180 °C) oder in der Mikrowelle.

Auf jede Tortilla je einen Esslöffel Kokos-Bohnenmischung, Ananas-Salsa, ein paar Radieschenscheiben, griechischen Joghurt, Frühlingszwiebel und ein bisschen Limettensaft geben. Genießen, solange sie noch heiß sind!

TIPP
Wenn man eine ganze Ananas nimmt: oben und unten abschneiden, dann die Schale rundherum. Die Ananas der Länge nach vierteln, die holzige Mitte herausschneiden. Zwei Viertel der Ananas für die Salsa in Würfel schneiden, die anderen beiden für einen Smoothie oder einen Saft fürs Frühstück aufbewahren.

Raw Tacos

FÜR 6–8 PERSONEN • ZUBEREITUNG: 15 MINUTEN • ZEIT FÜRS MARINIEREN: 5 MINUTEN

Auf diese Art macht Rohkost richtig Spaß!
Das Geheimnis dieses Rezeptes ist, alle Zutaten sehr klein zu schneiden und in der mexikanischen Salsa ziehen zu lassen, damit sie sich damit vollsaugen können.

1 Schwarzer Winter-Rettich
½ Fenchelknolle
5 Champignons
2 Prisen Sesamsaat
1 Prise Piment d'Espelette (Baskisches Chilipulver)

Mexikanische Salsa:
1 Maiskolben
½ rote Zwiebel
1 gelbe Tomate
1 Bund Koriander
1 EL Olivenöl
Saft von 1 Limette
Salz und Pfeffer

Den Rettich und den Fenchel mit dem Gemüsehobel in feine Scheiben hobeln. Wenn man den Rettich schon vorher schneidet, muss er in Eiswasser, damit er weiß bleibt. Die Champignons in feine Streifen schneiden.

Für die Salsa mit einem Messer die Maiskörner vom Kolben lösen. Die rote Zwiebel schälen und fein würfeln, die Tomate ebenfalls fein würfeln. Den Koriander zupfen. Alles in einer Schüssel mischen, mit Olivenöl und Limettensaft beträufeln. Mit Salz und Pfeffer würzen. Vermischen und durchziehen lassen, bis der Rest fertig ist.

Die Rettichscheiben auf einem Teller auslegen. Mit den Champignons, dem Fenchel und einem Löffel Salsa garnieren. Mit Sesam und Piment d'Espelette bestreuen.

Green Goddess Wraps

FÜR 2 PERSONEN • ZUBEREITUNG: 15 MINUTEN

DAS Detox-Rezept in diesem Buch. Alle Zutaten werden sehr fein geschnitten, damit dieser Wrap sich im Mund gut anfühlt. Allen, die dieses Rezept als Salat zubereiten wollen, empfehle ich, ihn mit gehackten Haselnüssen zu bestreuen.

1 Chinakohl
1 gelbe Karotte
1 Gelbe Bete
1 Avocado
1 Mango
10 g Erbsensprossen
20 g Ziegenfrischkäse
150 ml Senf-Vinaigrette (siehe Rezept S. 242)

2–4 große Kohlblätter ablösen und zur Seite legen.

Die Karotte und die Bete schälen. Die Avocado und die Mango schälen und vom Kern befreien. Diese Zutaten mit der Küchenmaschine oder mit dem Messer in feine Julienne (streichholzgroß) schneiden.

Die zur Seite gelegten Kohlblätter flach auslegen. Die vorbereiteten Zutaten drauf verteilen, zuletzt die Erbsensprossen und einen Esslöffel Senf-Vinaigrette darübergeben. Den Wrap um das Gemüse wickeln und sofort genießen.

TIPP
Wer die Karotte und die Bete mit dem Messer schneiden möchte, schneidet zuerst dünne Scheiben. Dann mehrere kleine Stapel bilden und der Länge nach fein schneiden. Beim Fruchtfleisch der Mango und der Avocado genauso verfahren.

Rainbow Maki

FÜR 6 PERSONEN • ZUBEREITUNG: 15 MINUTEN • KOCHZEIT: 20 MINUTEN

Meine Reisen nach Kalifornien und die kulinarische Kultur dort haben mich zu diesem Rezept inspiriert. Algen, wie Nori, sind sehr nährstoffreich und helfen beim Entgiften des Organismus.

200 g Sushireis
500 ml Reisessig
50 g Rohrohrzucker
1 Avocado
1 Mango
½ Wassermelonen-Rettich (oder eine ander milde Sorte)
6 Noriblätter
20 g Erbsensprossen
6 Halme Schnittlauch
Salz

Tahini-Sauce:
150 ml Tahini-Sauce (siehe Rezept S. 244)
2 Prisen Sesamsaat

Den Reis mehrmals spülen, bis das Wasser klar bleibt. Den Reis in einen großen Topf geben. 300 ml Wasser und 1 Prise Salz dazugeben. Abdecken, aufkochen lassen und 15 Minuten bei schwacher Hitze garen. Dann vom Herd nehmen und 10 Minuten weiterhin abgedeckt ruhen lassen.

In einem kleinen Topf den Essig mit dem Zucker und 1 Prise Salz aufkochen. Mit dem Schneebesen verrühren und abkühlen lassen.

In einer Schüssel vorsichtig den Reis mit dem Essig mischen. Mit einem feuchten Küchentuch abdecken und komplett abkühlen lassen.

Die Avocado und die Mango schälen und vom Kern lösen. Das Fruchtfleisch jeweils in schmale Streifen schneiden. Den Rettich mit dem Messer in Scheiben und dann in feine Streifen schneiden.

Ein Noriblatt flach auf die Arbeitsplatte legen. Eine Handvoll Reis auf darauf verteilen, dabei oben und unten 2 Zentimeter frei lassen. Aus allen Zutaten jeweils eine Linie auf den Reis legen. Dann das Noriblatt von unten nach oben um die Füllung rollen – die Rolle sollte schön eng sein, ohne die Zutaten zu zerdrücken. Den freien Noristreifen befeuchten und das Ganze vollends zur Rolle formen. Den Rainbow Maki in mundgerechte Stücke schneiden und mit Tahini-Sauce und Sesamsaat servieren.

TIPP
Wenn man eine Bastmatte oder ein Küchentuch unter das Nori-Blatt legt, lässt es sich nachher leichter zur Rolle formen.

Spanakopita

FÜR 8 PERSONEN • VORBEREITUNG: 25 MINUTEN • BACKZEIT: 15 MINUTEN

Während meines Praktikums bei Brooke, einer sehr inspirierenden amerikanischen Köchin, habe ich dieses ursprünglich griechische Rezept auf der Basis von Spinat und Zwiebeln zubereitet. Das hier ist meine neu interpretierte Version mit einer Verbindung von süßen und salzigen Geschmackskomponenten, die ich besonders mag.

1 Knoblauchzehe
1 Zwiebel
200 g Spinat
1 EL Olivenöl
1 Prise Salz
1 Handvoll Cashewkerne
1 EL gemahlener Kreuzkümmel
1 EL gemahlenes Kurkuma
80 g Feta
1 Handvoll Rosinen
1 Kartoffel (Charlotte)
1 Prise Zucker
1 Mürbteig (aus dem Kühlregal)

Zum Bestreichen:
1 Eigelb
1 EL Milch

Den Ofen auf 180 °C vorheizen. Den Knoblauch schälen und hacken. Die Zwiebel schälen und in dünne Scheiben schneiden. In einer Pfanne den Knoblauch und die Zwiebel in dem Olivenöl 3–5 Minuten anschwitzen. Den Spinat zugeben und 1 Minute mitbraten. Salzen, dann abtropfen lassen.

Die Cashewkerne hacken und 3 Minuten mit dem Kreuzkümmel und dem Kurkuma in einem Topf rösten. In einer Schüssel mit dem Spinat mischen. Den Feta in die Mischung krümeln und die Rosinen zugeben.

Die Kartoffel schälen und in feine Scheiben schneiden. Zusammen mit 250 ml Wasser und dem Zucker in der Pfanne garen, in der vorher die Knoblauch-Zwiebel-Spinat-Mischung gebraten wurde. Wenn sie weich sind, vorsichtig unter die Mischung heben.

Den Mürbteig ausrollen. Längs in Streifen von ca. 7 cm Breite schneiden. Auf das Ende jedes Streifens einen Esslöffel Füllung geben. Die untere Kante auf den linken Rand umschlagen, es entsteht ein Dreieck, das auf dem Streifen liegt. Die untere Ecke des Dreiecks nach oben falten, dabei das ganze Dreieck wenden. Den überschüssigen Teig abschneiden und jede Teigtasche mit den Zinken einer Gabel an den Rändern schließen.

Das Eigelb mit dem Schneebesen mit der Milch verschlagen und die Mischung auf die Teigtaschen pinseln. Das Ganze 12–15 Minuten backen, bis die Spanakopitas goldbraun sind. Heiß genießen.

Omelette à la KEÏLI

FÜR 2 PERSONEN • VORBEREITUNG: 10 MINUTEN • ZUBEREITUNG: 10 MINUTEN

Es ist „die Französin" in mir, die dieses gesunde Omelette-Rezept ins Kochbuch aufgenommen hat. Ich mag die Bitterkeit der gebratenen Rauke und die Frische der rohen Zwiebeln sehr. Dann noch eine Guacamole dazu, und niemand kann mehr „non merci" sagen!

50 g Rauke
1 EL Olivenöl
5 Kirschtomaten
½ rote Zwiebel
20 g Ziegenfrischkäse
4 Eier
½ Portion mexikanische Guacamole (siehe Rezept S. 130)
Salz und Pfeffer

Die Rauke mit dem Olivenöl bei mittlerer Hitze in einer antihaftbeschichteten Pfanne braten, bis sie zusammenfällt. Mit Salz und Pfeffer würzen und in einer Schüssel zur Seite stellen.

Die Kirschtomaten halbieren. Die rote Zwiebel schälen und in feine Streifen schneiden. Den Ziegenkäse zerbröckeln.

In einer zweiten Schüssel die Eier mit der Gabel schlagen. Mit Salz und Pfeffer würzen. Die Eier in eine Pfanne gießen und bei niedriger Hitze garen, bis sie von unten her anziehen. Die gebratene Rauke, die Kirschtomaten, die Zwiebel und den Ziegenkäse darauf verteilen.
Die Pfanne unter den Ofengrill schieben und 3-4 Minuten garen, bis das Omelette von oben anfängt zu stocken und sich nur noch ganz leicht bewegt, wenn man die Pfanne schüttelt.

Die Pfanne aus dem Ofen nehmen und über einem Teller schräg halten, mit einem Pfannenwender das Omelette falten und herausgleiten lassen. Einen guten Esslöffel Guacamole dazugeben – guten Appetit!

Ziegenkäse-Quinoa-Nuggets

FÜR 4 PERSONEN • VORBEREITUNG: 15 MINUTEN • ZUBEREITUNG: 40 MINUTEN

Dieses sehr einfache Rezept schmeckt besonders den Kindern um mich herum. Man kann Süßkartoffelpommes dazu machen oder, wenn es leichter sein soll, einen grünen Salat mit einer einfachen Vinaigrette.

150 g Quinoa
1 Prise Salz
1 Schalotte
1 EL Olivenöl
1 TL Currypulver
1 Ei
80 g Ziegenfrischkäse

Den Ofen auf 180 °C vorheizen. Die Quinoa 12–15 Minuten in einem Topf mit heißem Wasser garen, bis die Körner aufspringen. Nach der Hälfte der Kochzeit salzen. Abgießen.

Die Schalotte schälen, fein hacken und mit dem Olivenöl und dem Curry 5 Minuten bei schwacher Hitze in einer kleinen Pfanne anschwitzen.

In einer Schüssel die Quinoa, die Schalotte, das Ei und den zerbröckelten Ziegenkäse zu einer Paste vermischen. Diese Paste in Formen nach Wahl füllen. 20 Minuten im Ofen backen, bis die Nuggets goldbraun sind.

TIPP
Für Erwachsene kann man das Rezept mit frischen Kräutern abwandeln und die Paste in einer mit Backpapier ausgelegten Kastenform backen. Griechischen Joghurt mit Zitronensaft mischen und dazu servieren.

Tomate-Mozzarella à la KEÏLI

FÜR 4–6 PERSONEN • VORBEREITUNG: 15 MINUTEN • ZUBEREITUNG: 15 MINUTEN

Dieses Gericht ist der pure Sommer …
Wer keine alten Tomatensorten findet, kann auch einfache rote Tomaten nehmen.
Man sollte aber immer aromatische, saisonale Produkte wählen.
Für etwas mehr Konsistenz habe ich dem klassischen Rezept noch Kartoffeln hinzugefügt.

- 4 Kartoffeln
- 5–6 Tomaten (alte Sorten)
- 6 Radieschen
- 2 Frühlingszwiebeln
- ½ Bund Minze
- 6–8 Kalamata-Oliven
- 2 Kugeln Mozzarella
- 150 ml Honig-Vinaigrette (siehe Rezept S. 242)
- 2 Zweige essbarer Lavendel
- Salz und Pfeffer

Die Kartoffeln in einem kleinen Topf mit kochendem Salzwasser ungefähr 15 Minuten garen, bis man sie leicht mit einer Gabel einstechen kann. Abgießen, abkühlen lassen, dann pellen und in Stücke schneiden.

Die Tomaten in verschiedene Formen schneiden: in Scheiben, Viertel, Hälften – das verleiht dem Salat Charakter. Die Radieschen längs halbieren. Die Frühlingszwiebeln hacken. Die Minze zupfen.

In einer großen Servierschale die Tomaten und Kartoffeln verteilen, dann die Radieschen, die Oliven und die Zwiebeln zufügen. Den Mozarella in Stücke zupfen und über den Salat verteilen. Mit Minze bestreuen. Salzen und pfeffern. Mit der Vinaigrette beträufeln und mit den Lavendelblüten dekorieren. Fertig!

Gartenbohnen, gebratene Pfirsiche & Ricotta

FÜR 4–6 PERSONEN • VORBEREITUNG: 15 MINUTEN • ZUBEREITUNG: 15–20 MINUTEN

Diesen Salat mache ich oft am Wochenende für Gäste. Ich liebe das Knackige der Gartenbohnen zusammen mit den gebackenen Rosmarinpfirsichen. Wer keinen Ricotta hat, kann ihn durch einen anderen Frischkäse ersetzen.

2 Pfirsiche
2 EL Olivenöl
1 Zweig Rosmarin
400 g Gartenbohnen
6 Radieschen
10 g Butter
150 g Honig-Vinaigrette (siehe Rezept S. 242)
150 g Ricotta
1 Zitrone (bio)
2 EL Dukkah (siehe Rezept S. 252)
½ Bund Basilikum
Salz und Pfeffer

Den Ofen auf 180 °C vorheizen. Die Pfirsiche halbieren und vom Kern befreien. Mit dem Fruchtfleisch nach oben auf ein Backblech legen. Mit Olivenöl beträufeln, salzen und pfeffern. Den Rosmarinzweig danebenlegen und das Ganze 8–10 Minuten im Ofen backen, bis die Pfirsiche weich werden.

Die Bohnen putzen. 4 Minuten in einem Topf mit kochendem Salzwasser garen, bis sie weich sind. Abgießen.

Die Radieschen putzen. Die Butter bei mittlerer Hitze in einer Pfanne schmelzen lassen, dann die Radieschen 5 Minuten anbraten, bis sie Farbe annehmen und knusprig sind.
Mit Salz und Pfeffer würzen.

In einer Servierschale die Bohnen verteilen, dazu die gebackenen Rosmarinpfirsiche und die Radieschen.
Mit Vinaigrette beträufeln. Den Ricotta zerbröckeln und darauf verteilen, darüber geriebene Zitronenschale oder Zitronenzesten. Mit Dukkah bestreuen und für den letzten Schliff noch Basilikumblätter darauf dekorieren.

Sommerpolenta

FÜR 4–6 PERSONEN • VORBEREITUNG: 10 MINUTEN • ZUBEREITUNG: 15 MINUTEN

Dieses Rezept ist sehr simpel zuzubereiten. Ideal für ein Mittagessen im Sommer. Die Polenta gart schnell mit dem Parmesan und der Butter. Die Kirschen und die Zucchini geben der sonst eher winterlichen Polenta eine sommerliche Note.

1 Zucchini
2 Pfirsiche
2 EL Olivenöl
12 Kirschen
½ Bund Minze
1 Stängel Frühlingszwiebel
6 Halme Schnittlauch
½ l Milch
250 g Maisgrieß
30 g Butter
50 g Parmesan
Salz und Pfeffer

Die Zucchini und die Pfirsiche in Stücke schneiden. In einer Pfanne mit dem Olivenöl 8-10 Minuten garen. Salzen.

Die Kirschen entsteinen. Die Minze zupfen. Den Frühlingszwiebelstängel und den Schnittlauch klein schneiden.

Die Milch zusammen mit 750 ml Wasser in einem Topf aufkochen. Salzen und unter Rühren den Maisgrieß zugeben. Ca. 5 Minuten garen, dabei immer weiterrühren, bis die Polenta andickt. Unter ständigem Rühren die Butter und den geriebenen Parmesan zugeben.

Die Polenta in einer Servierschale verstreichen. Die Zucchini, die Pfirsiche und die Kirschen darauf verteilen. Mit Minze, Frühlingszwiebel und Schnittlauch bestreuen. Salzen und pfeffern. Heiß genießen!

Betensalat mit griechischem Joghurt

FÜR 6 PERSONEN • VORBEREITUNG: 20 MINUTEN • GARZEIT: 1 STUNDE • ZEIT FÜRS MARINIEREN: MINDESTENS 30 MINUTEN

Hier kommt ein schöner, knallig bunter und fröhlicher Sommersalat! Die Rettichsorte „Wassermelone“ ist viel milder als die rosa und roten Rettichsorten. Wenn es keine gibt, kann man sie auch gut durch schwarzen Winterrettich ersetzen.

4 rohe Gelbe Beten
2 EL Olivenöl
150 ml Honig-Vinaigrette (siehe Rezept S. 242)
15–20 g Wassermelonen-Rettich
5 Radieschen
½ Bund Frühlingszwiebeln
½ Bund Dill
50 g griechischer Joghurt
Salz und Pfeffer

Den Ofen auf 160 °C vorheizen.

Die Beten am Stück in eine Auflaufform geben. Salzen, pfeffern und mit einem Esslöffel Olivenöl beträufeln. Ca. 1 Stunde im Ofen garen. Abkühlen lassen.

Die abgekühlten Beten schälen und in Stücke schneiden. In eine Schüssel geben, mit ein paar Esslöffeln Vinaigrette beträufeln, durchmischen und mindestens 30 Minuten durchziehen lassen.

Rettich und Radieschen mit einem Gemüsehobel in feine Scheibchen hobeln. Die Frühlingszwiebeln in Ringe schneiden. Den Dill grob hacken.

Auf jeden Teller einen Esslöffel griechischen Joghurt geben. Mit dem Rest Olivenöl übergießen, salzen und pfeffern. Die marinierten Beten, den Rettich, die Radieschen, die Frühlingszwiebeln und den Dill auf die Teller verteilen. Falls nötig, salzen und pfeffern.

TIPP
Am besten gart man die Gelben Beten am Vorabend, damit sie sich länger mit der Marinade vollsaugen können.

Bunte Karotten, Datteln & Zitrusfrüchte

FÜR 4 PERSONEN • VORBEREITUNG: 25 MINUTEN • ZEIT FÜRS MARINIEREN: 1 STUNDE

Diese Neuinterpretation eines Karottensalats liebe ich sehr. Sie kombiniert das Süß-Salzige mit der Bitterkeit der Grapefruit und der Frische des Korianders. Eignet sich gut als Beilage oder auch allein als leichte Mahlzeit.

8 Karotten (alte Sorten, z.B. rote, violette …)
2 Grapefruits
50 g Datteln
1 Bund Koriander
Salz und Pfeffer

Vinaigrette:
Aufgefangenen Saft von 2 Grapefruits
300 ml Olivenöl
Saft von 1 Zitrone
Saft von 1 Limette
2 EL weißer Balsamico
1 EL Ahornsirup

Die Karotten putzen und mit dem Gemüsehobel in feine Scheiben schneiden.

Auf einem tiefen Teller die Grapefruits mit dem Messer schälen und filetieren, das heißt mit der Schale auch die weiße Haut großzügig abschneiden und die Filets zwischen den Häutchen herausschneiden. Den dabei austretenden Saft für die Vinaigrette sammeln, die Schalen mit der Haut für weiteren Saft auspressen.

Für die Vinaigrette alle Zutaten in einer Schüssel zu einer homogenen Mischung verrühren. Die Karotten zugeben und mit den Händen vermischen, damit die Karotten gut benetzt sind. 1 Stunde im Kühlschrank durchziehen lassen.

Die Datteln entkernen und grob hacken. Den Koriander zupfen. Zusammen mit den Grapefruitfilets zum Karottensalat geben. Noch einmal vermischen. Salzen und pfeffern. Enjoy!

Quinoa-Taboulé mit Salzzitrone

FÜR 4–6 PERSONEN • VORBEREITUNG: 15 MINUTEN • ZUBEREITUNG: 15 MINUTEN

Dieses Taboulé-Rezept wird durch die frischen Kräuter und die Salzzitrone facettenreich. Die Radieschen und der Blumenkohl verleihen dem Ganzen einen schönen Biss.

250 g Quinoa
¼ Kopf Blumenkohl
½ rote Zwiebel
½ Salzzitrone (siehe Rezept S. 250)
6 Radieschen
1 Handvoll Dill
1 Handvoll Schnittlauch
150 ml Senf-Vinaigrette (siehe Rezept S. 242)
Fleur de Sel und Pfeffer

Die Quinoa in einem Topf mit kochendem Wasser 15 Minuten bei schwacher Hitze garen, bis die Körner aufspringen. Nach der Hälfte der Kochzeit salzen. Abtropfen und abkühlen lassen.

Den Blumenkohl auf einer Küchenreibe fein reiben. Die rote Zwiebel schälen und in feine Streifen schneiden. Die Salzzitrone in kleine Stücke schneiden. Die Radieschen in feine Scheibchen schneiden. Den Dill und den Schnittlauch klein schneiden.

In einer Schüssel die Quinoa mit dem Blumenkohl, der roten Zwiebel, der Salzzitrone, den Radieschen und den Kräutern mischen. Mit Vinaigrette übergießen. Salzen, pfeffern und genießen.

Avokale Caesar

FÜR 2 PERSONEN • VORBEREITUNG: 25 MINUTEN • ZUBEREITUNG: 10 MINUTEN

Eine etwas andere vegetarische Version des Caesar Salad mit einer Sauce aus griechischem Joghurt und Kapern und mit gerösteten Kichererbsen, Avocado und Cashewkernen. Eine vollwertige Mahlzeit und eine schöne Art, Grünkohl zu kochen!

125 g Kichererbsen aus Dose oder Glas
1 EL gemahlener Kreuzkümmel
1 EL Koriandersaat
1 EL getrockneter Oregano
3 EL Olivenöl (2+1)
2 Eier
1 Grünkohl
1 Avocado
½ rote Zwiebel
½ Bund Minze
100 g Cashewkerne
Salz und Pfeffer

Joghurtsauce:
1 Knoblauchzehe
500 g griechischer Joghurt
100 g Kapern
Saft von 1 Zitrone

Den Ofen auf 180 °C vorheizen. Die Kichererbsen abgießen und auf einem Backblech verteilen. Mit den Gewürzen bestäuben und mit 2 Esslöffeln Olivenöl beträufeln. Vermischen, sodass sie ganz benetzt sind. 10 Minuten im Ofen backen, bis die Kichererbsen geröstet, aber nicht unbedingt knusprig sind.

Die Eier 9 Minuten bei mittlerer Hitze in einem Topf mit Wasser kochen. Die hartgekochten Eier schälen und mit einer Gabel zerkrümeln.

Den Grünkohl putzen und die Blätter grob hacken. 1–2 Minuten bei mittlerer Hitze in dem restlichen Olivenöl andünsten. Mit Salz und Pfeffer würzen.

Für die Joghurtsauce den Knoblauch schälen und alle Zutaten im Mixer mixen. Mit Salz und Pfeffer würzen.

Die Avocado schälen und vom Kern befreien. Das Fruchtfleisch in feine Lamellen schneiden. Die Zwiebel schälen und ebenfalls in feine Streifen schneiden. Die Minze zupfen. Die Cashewkerne grob hacken.

In einer Schüssel den angebratenen Grünkohl mit ein paar Esslöffeln Joghurtsauce vermischen. Die gerösteten Kichererbsen, die harten Eier, die Avocado, die rote Zwiebel, die Minze und die Cashewkerne zugeben. Nach Geschmack noch einen kleinen Löffel Sauce darübergeben. Salzen und pfeffern.

Summer Rice Chimichurri

FÜR 4–6 PERSONEN • VORBEREITUNG: 15 MINUTEN • ZUBEREITUNG: 15 MINUTEN • ZEIT FÜRS MARINIEREN: 5 MINUTEN

Die Chimichurri-Sauce ist eine meiner Lieblingssaucen. Ich kombiniere sie gern mit Rohkost oder Getreide, denn sie verleiht Frische und ein unvergleichliches Mundgefühl.

- 350 g Basmatireis
- 6 Radieschen
- 10 gelbe Kirschtomaten
- 1 Gurke
- ½ Bund glatte Petersilie
- 150 ml Chimichurri-Sauce (siehe Rezept S. 244)
- 2 Prisen schwarze Sesamsaat

Den Reis ca. 15 Minuten in einem Topf mit kochendem Wasser kochen. Abgießen und in eine Servierschale geben.

Die Radieschen in kleine Würfel schneiden. Die Tomaten halbieren. Die Gurke der Länge nach aufschneiden, von den Kernen befreien und in feine Scheiben schneiden. Das Gemüse in einer Schüssel mischen. Mit der gezupften Petersilie bestreuen und mit Chimichurri-Sauce beträufeln. Vermischen und 5 Minuten ziehen lassen.

Die Rohkostmischung auf dem Reis verteilen, mit schwarzem Sesam bestreuen und genießen.

Schwarzer Reis, Spargel & Feta

FÜR 6–8 PERSONEN • VORBEREITUNG: 15 MINUTEN • ZUBEREITUNG: 45 MINUTEN

Dieser rustikale Salat ist perfekt für ein Mittagessen im Freien. Der schwarze Reis ist originell und sorgt für eine süße Note, die sehr gut mit dem Feta harmoniert.

250 g schwarzer Reis
6 Stangen grüner Spargel
1 EL Olivenöl
6–8 Radieschen
2 Frühlingszwiebeln
50 g Feta
1 Bund glatte Petersilie
1 Handvoll Erbsensprossen
150 ml Tahini-Sauce (siehe Rezept S. 244)
Salz und Pfeffer

Den Reis ca. 45 Minuten in einem Topf mit kochendem Wasser kochen, bis er weich ist. Abgießen.

Den Spargel in Scheiben schneiden und 2 Minuten mit dem Olivenöl in einer Pfanne anbraten. Mit Salz und Pfeffer würzen.

Die Radieschen der Länge nach in feine Scheiben schneiden. Die Frühlingszwiebeln ebenfalls fein schneiden. Den Feta zerbröckeln. Die Petersilie grob hacken.

In einer Salatschüssel den Reis mit der Sauce vermischen. Den Spargel, die Radieschen, die Frühlingszwiebeln, den Feta, die Erbsensprossen und die Petersilie darauf verteilen. Salzen und pfeffern.

Linsen, marinierter Rotkohl & Granatapfel

FÜR 4–6 PERSONEN • VORBEREITUNG: 15 MINUTEN • ZUBEREITUNG: 15 MINUTEN • ZEIT FÜRS MARINIEREN: 10 MINUTEN

Diesen Salat könnte ich jeden Tag essen! Die Mischung aus mariniertem Rotkohl, lauwarmen Linsen und Koriander ist göttlich. Für einen vollwertigeren Salat kann man noch ein zerbröckeltes hartgekochtes Ei dazugeben.

250 g Linsen
½ Rotkohl
150 ml Senf-Vinaigrette
(siehe Rezept S. 242)
½ Granatapfel
100 g Feta
1 Bund Koriander
Salz und Pfeffer

Die Linsen in einem Topf mit kochendem Wasser ca. 15 Minuten kochen, bis sie weich sind. Nach der Hälfte der Garzeit salzen. Abgießen und abkühlen lassen.

Den Rotkohl in sehr feine Streifen schneiden. In eine Schüssel geben, mit 2–3 Esslöffeln Vinaigrette vermischen und 10 Minuten marinieren lassen. Mit Salz und Pfeffer würzen.

In einer Schale die Linsen mit 2–3 Esslöffeln Vinaigrette mischen. Mit Salz und Pfeffer würzen.

Die Granatapfelkerne auslösen. Den Feta zerbröckeln. Den Koriander zupfen.

In einer Servierschale die Linsen mit dem Rotkohl mischen. Die Granatapfelkerne, den Feta und den Koriander darauf verteilen. Falls nötig, noch einmal nachwürzen.

Gefüllte Süßkartoffeln

FÜR 3 PERSONEN • VORBEREITUNG: 15 MINUTEN • GARZEIT: 1 STUNDE

Ein Familienrezept, das wirklich einfach zu machen ist! Ich liebe die Mischung aus Heiß und Kalt der gerösteten Süßkartoffel, unterstrichen durch die Frische des Salats. Die Currysauce schmilzt buchstäblich auf den Süßkartoffeln, es ist köstlich …

3 Süßkartoffeln
125 g Butter
100 g Kichererbsen aus Dose oder Glas
1 Gurke
½ rote Zwiebel
2 Stängel Minze
1 Zitrone (bio)
4 EL Olivenöl
Salz und Pfeffer

Currysauce:
180 g griechischer Joghurt
1 TL Currypulver

Den Ofen auf 170 °C vorheizen. Die Süßkartoffeln der Länge nach einschneiden. In die Auffangschale oder auf ein Backblech setzen, die Butter darauf verteilen und 200 ml Wasser angießen. Salzen und pfeffern. Ca. 1 Stunde im Ofen backen.

Für die Currysauce in einer Schale den Joghurt mit dem Curry mischen. Kühl stellen.

Die Kichererbsen abgießen und abspülen. Die Gurke schälen und von den Kernen befreien. Die rote Zwiebel schälen und fein würfeln. Die Minzeblätter in feine Streifen schneiden. Mit einer Reibe oder einem Zestenschneider die Zitronenschale abreiben. Das Ganze in einer Salatschüssel vermischen und mit Olivenöl beträufeln. Mit Salz und Pfeffer würzen.

Die gerösteten Süßkartoffeln aus dem Ofen nehmen und in der Mitte vollends aufschneiden. 2 Esslöffel Currysauce in die Öffnung geben. Mit 2–3 Esslöffeln Kichererbsensalat füllen. Sofort servieren.

German Potato Salad

ÜR 4 PERSONEN • FVORBEREITUNG: 15 MINUTEN • FGARZEIT: 15–20 MINUTEN • FZEIT FÜRS MARINIEREN: 5 MINUTEN

Eine kleine Verneigung vor meiner deutschen Schwiegerfamilie, die ihre Kartoffeln heiß mag. Das Geheimnis dieses Rezeptes liegt in der Würze mit Paprika.

6 Kartoffeln (Charlotte)
½ weiße Zwiebel
1 Bund Dill
1 ordentliche Prise Paprika
150 ml Senf-Vinaigrette
(siehe Rezept S. 242)
Salz und Pfeffer

Die Kartoffeln schälen und in einem Topf Wasser auf den Herd stellen. Zum Kochen bringen und 15–20 Minuten kochen lassen (Garprobe mit der Gabel machen). Abgießen und, sobald man sie anfassen kann, in grobe Stücke schneiden und in eine Schüssel geben.

Die Zwiebel schälen und in feine Streifen schneiden. Zu den Kartoffeln geben.

Die Senf-Vinaigrette über die Kartoffeln gießen, vorsichtig vermischen und 5 Minuten ziehen lassen.

Den Dill klein schneiden. Den Kartoffelsalat auf Teller verteilen und mit dem Dill bestreuen. Mit Paprika bestäuben. Falls nötig, noch einmal mit Salz und Pfeffer würzen. Sofort genießen!

Quiche mit Ziegenkäse & Spargelbrokkoli

FÜR 6 PERSONEN • VORBEREITUNG: 15 MINUTEN • BACKZEIT: 45 MINUTEN • RUHEZEIT: 15 MINUTEN

Wer keinen Spargelbrokkoli findet, kann auch normalen Brokkoli nehmen, den muss man aber vorgaren, weil die Röschen allein durch das Backen womöglich nicht gar werden.

200 ml Sahne
3 Eier
5 eingelegte Knoblauchzehen (in Öl)
10 Kalamata-Oliven
100 g frischer Ziegenkäse
2 Frühlingszwiebeln
½ Bund glatte Petersilie
1 Mürbteig (Kühlregal)
6–8 Stängel Spargelbrokkoli
1 kleines Bund Bohnenkraut
Salz und Pfeffer

Den Ofen auf 170 °C vorheizen. In einer Schüssel die Sahne, die Eier, den eingelegten Knoblauch, die Oliven und den zerbröckelten Ziegenkäse verrühren. Die Frühlingszwiebeln in Ringe schneiden. Die Petersilie hacken. Zu der Masse geben und das Ganze mit Salz und Pfeffer würzen.

Den Spargelbrokkoli fein schneiden. Den Mürbteig in einer Tarteform ausrollen. Den überstehenden Rand abschneiden, damit eine hübsche Kante entsteht. Die Mischung auf den Teigboden gießen. Den Spargelbrokkoli darauf verteilen. Mit den abgezupften Bohnenkrautblättchen bestreuen. Mit Salz und Pfeffer würzen.

45 Minuten im Ofen backen und die Quiche dann vor dem Servieren noch 15 Minuten ruhen lassen.

Spargelquiche

FÜR 6 PERSONEN • VORBEREITUNG: 20 MINUTEN • BACKZEIT: 15 MINUTEN • RUHEZEIT: 15 MINUTEN

Wir haben alle ein Quiche-Rezept in unserem persönlichen Kochbuch. Dieses hier liebe ich in der Spargelzeit, und ich ergänze es mit einem Petersilienpesto, um ihm Würze zu geben. Ideal für einen Sonntag mit der Familie!

200 ml Sahne
3 Eier
1 EL Senf
1 Schalotte
5 grüne Spargel
1 EL Olivenöl
Saft von ½ Zitrone
1 Bund glatte Petersilie
1 Mürbteig
2–3 EL Petersilienpesto
(siehe Rezept S. 160)
Salz und Pfeffer

Den Ofen auf 170 °C vorheizen. In einer Schüssel die Sahne, die Eier, den Senf und eine Prise Salz zu einer homogenen Masse verquirlen.

Die Schalotte schälen und fein hacken. Den grünen Spargel putzen, dabei die harten unteren Enden abschneiden. In einer Pfanne die Schalotte und den Spargel mit dem Olivenöl 6–8 Minuten anbraten, bis der Spargel leicht gebräunt ist. Mit dem Zitronensaft beträufeln und mit Salz und Pfeffer würzen. Die Petersilie hacken.

Den Mürbteig in einer Tarteform ausrollen. Den überstehenden Rand abschneiden, sodass eine hübsche Kante entsteht. Die Mischung auf den Teigboden gießen.
2–3 EL Petersilienpesto darauf verteilen und mit dem Spargel belegen. Die Petersilie darüberstreuen. Mit Salz und Pfeffer würzen.

45 Minuten im Ofen backen und die Quiche dann vor dem Servieren noch 15 Minuten ruhen lassen.

Aperitif & Cocktails

Ich treffe mich gern mit meinen Freunden zu einem „Apéritif dînatoire" mit verschiedenen Häppchen, die schnell und einfach zu machen sind und dann an diesem Tag das Abendessen ersetzen. Dazu bereite ich normalerweise auch einen Cocktail aus natürlichen Zutaten zu, der bringt Frische hinein, macht das Ganze ein bisschen schick und bringt die Gäste zusammen.

AUFSTRICHE
FRISCHKÄSEDIPS
GEMÜSE-SLIDER
SOMMERROLLEN
COCKTAILS
...

Hummus

FÜR 4 PERSONEN • ZUBEREITUNG: 10 MINUTEN

Dieses Rezept eignet sich allein oder in Kombination mit allen möglichen anderen Gerichten. Das Hummus verleiht den Zutaten, mit denen man es kombiniert, immer eine gewisse Milde. Hummus kann ich immer und überall essen!

280 g Kichererbsen aus Dose oder Glas
1 Zitrone (bio)
100 g Tahini
1 Knoblauchzehe
2 EL gemahlener Kreuzkümmel
3 EL Olivenöl
Salz und Pfeffer

Dazu:
1 EL Olivenöl
1 EL Kräuter der Provence
1 EL Sesamsaat
Pitabrot

Die Kichererbsen abgießen, dabei 200 ml Flüssigkeit aufheben. Die Schale der Zitrone fein abreiben und die halbe Zitrone auspressen.

Alle Zutaten in einem Mixer zu einer homogenen Textur vermixen.

Probieren, dann mit Salz und Pfeffer abschmecken.

Den Hummus auf einem Teller verstreichen. Mit Olivenöl beträufeln und mit Kräutern der Provence und Sesamsaat bestreuen. Mit Pitabrot servieren.

Eingelegte Feigen & Ziegenfrischkäse

FÜR 4 PERSONEN • VORBEREITUNG: 15 MINUTEN • GARZEIT: 15 MINUTEN • ZEIT FÜRS MARINIEREN: 15 MINUTEN

Ich liebe Runden mit Freunden, wo jeder an der endgültigen Zusammenstellung der Gerichte beteiligt ist. Die Feigen und die Zwiebeln brauchen nicht lange zu marinieren. Sie werden dann mit warmen, mit Ziegenfrischkäse bestrichenen Toasts serviert.

250 ml Apfelessig
3 EL Zucker
1 Prise Salz
8 Feigen
1 rote Zwiebel
1 Granatapfel
½ Bund glatte Petersilie
250 g Ziegenfrischkäse
125 ml Olivenöl
8 getoastete Brotscheiben
Salz und Pfeffer

In einer Schüssel den Essig mit dem Zucker und dem Salz verrühren.

Die Feigen halbieren. Die Zwiebel schälen und in feine Streifen schneiden. Beides in den Essig geben und 15 Minuten marinieren lassen. Ab und zu umrühren.

Die Kerne aus dem Granatapfel lösen. Die Petersilie klein schneiden.

Den Ziegenkäse in einen tiefen Teller legen. Mit Olivenöl übergießen. Mit der Petersilie bestreuen und mit Salz und Pfeffer würzen.

Auf einem zweiten Teller die abgetropften Feigen und Zwiebeln anrichten. Mit Granatapfelkernen bestreuen.

Mit frisch geröstetem Brot servieren.

Mexikanische Guacamole

FÜR 4 PERSONEN • ZUBEREITUNG: 10 MINUTEN

Eine der ersten Reisen mit meinem Mann führte mich nach Tulum in Mexiko. Dort macht man diese Guacamole. Wir haben beschlossen, diesen Brauch zu Hause weiterzuführen. Man kann die Guacamole als Beilage oder als Dip servieren oder einige der Gerichte in diesem Buch damit garnieren. Ich kann sie jedenfalls sehr empfehlen! Wer er nicht so scharf mag, kann die grüne Chili weglassen.

6 Avocados
½ rote Zwiebel
1 grüne Chili
1 Bund Koriander
Saft von 1 Limette
1 EL Olivenöl
Salz und Pfeffer

Die Avocados halbieren und vom Kern befreien. Das Fruchtfleisch mit einem Löffel aus der Schale kratzen und in eine Schüssel geben. Mit einer Gabel zerdrücken, aber ein bisschen stückig lassen.

Die Zwiebel schälen und fein würfeln. Die Chilischote der Länge nach halbieren, von den Kernen befreien und fein hacken. Den Koriander hacken. Alles zusammen mit dem Limettensaft unter die Avocado rühren. Mit Salz und Pfeffer würzen.

Die Guacamole mit Olivenöl beträufeln und mit der gehackten grünen Chilischote bestreuen.

Spinatdip & Artischocken

FÜR 4 PERSONEN • VORBEREITUNG: 15 MINUTEN • KOCHZEIT: 5 MINUTEN

Dieser Dip ist perfekt, wenn es draußen langsam kalt wird. Am besten schmeckt er mit Toast oder Mais-Chips.

6 Knoblauchzehen
125 g Artischockenherzen (aus Dose oder Glas)
120 g junger Spinat
30 g Butter
100 g Doppelrahmfrischkäse
80 g Greyerzer in Spänen
Salz

Den Knoblauch schälen und fein hacken. Die Artischocken abgießen und vierteln. Den Spinat grob hacken.

Die Butter bei niedriger Hitze in einer Pfanne schmelzen. Den Knoblauch zugeben und 3 Minuten andünsten.

Die Artischocken und den Spinat zugeben. Mit Salz würzen.

Den Frischkäse mit in die Pfanne geben und vorsichtig schmelzen lassen. Mit Greyerzer bestreuen und mit geröstetem Brot in einer Schüssel servieren.

Dip mit Feta und Zitrusfrüchten

FÜR 4 PERSONEN • ZUBEREITUNG: 10 MINUTEN

Feta ist ein sehr salziger Käse, perfekt für den Aperitif. Zu diesem Dip passen geröstetes Brot, ein wenig Honig und Grapefruitfilets.

200 g Feta
Saft von 1 Zitrone
2 EL Olivenöl
1 Grapefruit (bio)
½ Bund glatte Petersilie
1 EL Honig
8 geröstete Brotscheiben
Salz und Pfeffer

In einem Mixer den Feta, den Zitronensaft und das Olivenöl zu einer Paste verarbeiten.

Die Schale der Grapefruit abreiben oder Zesten reißen. Die Grapefruit filetieren, das heißt die weiße Haut mit der Schale großzügig abschneiden und die Filets zwischen den Häutchen herausschneiden. Die Petersilie fein hacken.

Die Fetacreme auf einen Teller geben. Mit der geriebenen Grapefruitschale bestreuen und mit Honig beträufeln. Salzen und pfeffern. Die Petersilie und die Grapefruitfilets dazu dekorieren. Mit geröstetem Brot servieren.

TIPP
Wer keine Grapefruit mag oder keine zu Hause hat, kann sie nach Geschmack durch eine andere Zitrusfrucht ersetzen.

Summer Rolls

FÜR 6 PERSONEN • ZUBEREITUNG: 20 MINUTEN

Dieses Rezept ist frisch, knackig und durch die Avocado und die Mango besonders lecker. Dazu harmoniert wunderbar die Tahini-Sauce. Für den besonderen Touch bestreue ich die Rollen mit geröstetem Sesam.

1 Karotte
1 Ringelbete
½ Gurke
2 Avocados
1 Mango
1 Bund Koriander
10 Minzblätter
6 Blatt Reispapier
150 g Erbsensprossen
150 ml Tahini-Sauce
(siehe Rezept S. 244)

Die Karotte, die Ringelbete und die Gurke schälen und mit dem Gemüsehobel in feine Scheiben hobeln. Die Karotten- und die Ringelbete-Scheiben in feine Stifte schneiden. Die Avocados und die Mango schälen und vom Kern befreien. Das Fruchtfleisch in Stifte schneiden. Den Koriander und die Minze zupfen.

Ein Blatt Reispapier kurz in einem tiefen Teller in kaltes Wasser tauchen und dann auf einer sauberen Oberfläche ausbreiten. 5 Scheiben Gurke in einer Reihe in die Mitte legen, dann eine kleine Handvoll Karotten- und Betenstifte darauf verteilen, je 2 Stäbchen von Mango und Avocado, eine Handvoll Erbsensprossen, 2 Minzblättchen und 5 Korianderblättchen.

Das Reispapier von unten nach oben mit der Füllung einrollen. Das Ganze mit den restlichen Reispapierblättern und der Füllung wiederholen.

Die Rollen in mundgerechte Stücke schneiden. Mit Tahini-Sauce beträufeln und sofort genießen.

Weiße Bohnen mit Salzzitrone

FÜR 4 PERSONEN • VORBEREITUNG: 15 MINUTEN • GARZEIT: 40–50 MINUTEN

Ein tolles Gericht zum Aperitif mit Freunden! Die Salzzitrone verleiht dem Rezept viel Frische. Wer keine Zeit hat, die weißen Bohnen zu kochen, kann sie durch weiße Bohnen aus Dose oder Glas ersetzen.

200 g weiße Bohnen
1 Knoblauchzehe
1 grüne Chili
2 EL Olivenöl
1 Limette (bio)
½ Salzzitrone (siehe Rezept S. 250)
1 Handvoll Erbsensprossen
Salz und Pfeffer

Die Bohnen in einen großen Topf mit Wasser geben und bei mittlerer Hitze aufkochen. Die Hitze reduzieren, ein paar großzügige Prisen Salz dazugeben und 35–40 Minuten köcheln lassen, bis die Bohnen gar sind, aber nicht aufplatzen. Abgießen und abkühlen lassen.

Den Knoblauch schälen. Die grüne Chilischote halbieren und von den Kernen befreien. Knoblauch und Chili in feine Scheibchen schneiden. In einem Topf mit 2 Esslöffeln Olivenöl 2–3 Minuten anbraten. Die weißen Bohnen dazugeben.

Die Limettenschale in Zesten schneiden und die Hälfte der Frucht auspressen. Die Salzzitrone in Stücke schneiden.

Auf einem Servierteller die Bohnen verteilen, mit Limettensaft beträufeln und mit Limettenzesten und Salzzitronenstücken bestreuen. Mit dem restlichen Olivenöl beträufeln, salzen und pfeffern. Mit Erbsensprossen garnieren.

Gebratener Halloumi in Mandelkruste

FÜR 4 PERSONEN • VORBEREITUNG: 10 MINUTEN • ZUBEREITUNG: 6–8 MINUTEN

Das erste Mal, dass ich Halloumi warm probiert habe, war in Griechenland. Ich habe es in sehr guter Erinnerung. Deshalb hier ein Rezept für gebratenen Halloumi in Mandelkruste. Vergesst auf keinen Fall den Klecks Marmelade, das schmeckt göttlich!

1 Ei
250 g Halloumi
125 g geriebene Mandeln
1 Prise Salz
1 EL Olivenöl

Garnitur:
1 Handvoll Babysalat, gemischt
Saft von ½ Zitrone
4 EL griechischer Joghurt
Ein paar Löffel Himbeermarmelade oder zerdrückte Himbeeren

Das Ei in einer Schale aufschlagen. In einer zweiten Schale die geriebenen Mandeln mit einer Prise Salz mischen. Den Halloumi in Scheiben schneiden, diese erst im Ei und dann in den geriebenen Mandeln wälzen, so entsteht die Panierung. Leicht schütteln, damit die überflüssige Panade abfällt.

Die Halloumischeiben in einer Pfanne mit dem Olivenöl 6–8 Minuten bei mittlerer Hitze braten, nach der Hälfte der Zeit umdrehen.

In einer Salatschüssel den Babysalat mit dem Zitronensaft mischen.

Auf jeden Teller je eine Scheibe Halloumi, griechischen Joghurt, Salat und Himbeermarmelade oder zerdrückte Himbeeren geben.

Süßkartoffel-Sliders

FÜR 4–6 PERSONEN • VORBEREITUNG: 15 MINUTEN • GARZEIT: 10–12 MINUTEN

Damit kann man Gäste zum Aperitif richtig beeindrucken! Den Ricotta kann man nach Bedarf auch durch Feta oder Ziegenfrischkäse ersetzen.

1 Süßkartoffel
1 EL Olivenöl
1 Prise Salz
½ Ringelbete
60 g Heidelbeeren
3–4 Radieschen
2 EL Honig-Vinaigrette (siehe Rezept S. 242)
½ Bund Koriander
80 g Ricotta
Salz

Den Ofen auf 180 °C vorheizen. Die Süßkartoffel schälen und in 1 cm dicke Scheiben schneiden. Auf einem mit Backpapier ausgelegten Backblech verteilen. Die Scheiben leicht mit Öl bepinseln und salzen. 10–12 Minuten im Ofen backen, bis sie weich, aber nicht matschig sind. Aus dem Ofen holen.

Die Ringelbete schälen und in feine Streifen schneiden. Die Heidelbeeren halbieren. Die Radieschen in Scheibchen schneiden. Alles mit der Vinaigrette in einer Schüssel vermischen.

Den Koriander hacken. Mit einem Löffel den Ricotta und danach den Bete-Salat auf den gerösteten Süßkartoffelscheiben verteilen. Mit dem Koriander bestreuen.

Virginia Iced Tea

FÜR 2 LITER • VORBEREITUNG: 5 MINUTEN • ZIEHEN LASSEN: 15 MINUTEN

Im Süden der USA ist der Eistee ein Kultgetränk. An einem heißen, sonnigen Tag gibt es nichts Erfrischenderes als diese Mischung. Nicht vergessen: Der Cocktail sollte vor dem Servieren gut im Kühlschrank gekühlt werden!

3 Beutel Schwarztee
150 g Zucker
Saft von 1 Zitrone
4 Zweige essbarer Lavendel

2 Liter Wasser zum Kochen bringen. Vom Herd nehmen und die Teebeutel darin 15 Minuten ziehen lassen. Die Beutel entfernen.

Den Zucker und den Zitronensaft zugeben.

Verrühren und abkühlen lassen.

Mit Eiswürfeln und Lavendelblüten garniert servieren.

Pink Hibiscus Cocktail

FÜR 4 PERSONEN • VORBEREITUNG: 5 MINUTEN • ZIEHEN LASSEN: 10 MINUTEN
KOCHZEIT: 15 MINUTEN • RUHEN LASSEN: 2–3 STUNDEN

Die Mischung aus Hibiskustee und Wassermelone ist die perfekte Geschmackskombination für einen Sommerabend. Der Hibiskus ist ein natürliches Antioxidans und die Wassermelone ein unterschätztes Superfood voller Vitamin C, ein richtiger Booster fürs Immunsystem.

4 cm frischer Ingwer
1 Zimtstange
10 Hibiskusblätter oder
3 Beutel Hibiskustee
Saft von 1 Zitrone
6 Lorbeerblätter (frisch)
125 g Honig
½ Wassermelone

Den Ingwer schälen. In einem Topf mit 1 Liter Wasser und dem Zimt aufkochen. 15 Minuten bei niedriger Hitze köcheln lassen, damit sich die Aromen entwickeln.

Den Topf vom Herd nehmen und den Hibiskus 10 Minuten darin ziehen lassen.

Den Zitronensaft und den Honig zugeben, dann verrühren.

Abkühlen lassen.

Das Fruchtfleisch der Wassermelone in Stücke schneiden und im Mixer zusammen mit dem Hibiskustee 1 Minute mixen.

Die Mischung in hübschen Cocktailgläsern mit Eiswürfeln und frischen Lorbeerblättern als Deko servieren.

Mango fresca

FÜR 4 PERSONEN • ZUBEREITUNG: 15 MINUTEN

Diesen dickflüssigen Cocktail genießt man am besten sehr kalt. Für die vegane Version den griechischen Joghurt einfach durch Kokosmilch und den Honig durch Ahornsirup ersetzen.

2 Mangos
125 ml Sprudelwasser
2 EL Honig
Saft von 1½ Zitronen
2 EL griechischer Joghurt
6 Eiswürfel
4 kleine Zweige Rosmarin
Fleur de Sel

Die Mangos schälen und vom Kern befreien. Das Fruchtfleisch in Stücke schneiden. In einen Mixer geben. Mineralwasser, Honig, Zitronensaft, Joghurt und die Eiswürfel zugeben. Mixen, bis eine samtige Textur entsteht.

Probieren und gegebenenfalls noch etwas mehr Honig dazugeben. Den Saft in 4 elegante Gläser gießen. Den Rosmarin und eine Prise Fleur de Sel zugeben.

Grapefruit Crush

FÜR 4 PERSONEN • ZUBEREITUNG: 15 MINUTEN

Das hier ist eines meiner Lieblings-Cocktailrezepte! Ich liebe Grapefruits. Sie sind von Natur aus erfrischend und reich an Vitaminen und hervorragende Verbündete für die Gesundheit: Sie kurbeln den Stoffwechsel an, verbrennen Fett und nähren die Haut.

4 ½ Grapefruits (4+½)
3 Limetten (2+1)
500 ml Sprudelwasser
4 EL Ahornsirup
1 Zweig Rosmarin
Ein paar Stiele essbarer Lavendel

4 Grapefruits und 2 Limetten auspressen.

Den Grapefruitsaft auf 4 Gläser verteilen. Je 125 ml Mineralwasser und 1 Esslöffel Ahornsirup zugeben und alles verrühren. Dann den Limettensaft auf die Gläser verteilen.

Die restliche Limette und die halbe Grapefruit in dünne Scheiben schneiden. Die Gläser damit dekorieren. Eiswürfel dazu, den Rosmarin und ein paar Lavendelblüten. Enjoy!

Black Cherry Refresh

FÜR 4 PERSONEN • VORBEREITUNG: 15 MINUTEN • GARZEIT: 25 MINUTEN • KÜHLZEIT: 2–3 STUNDEN

Ich suche ständig nach Rezepten für überreifes oder nicht mehr so schönes Obst. Der Black Cherry Refresh ist ein „Zero waste"-Rezept, mit dem ich überreife Kirschen verarbeite. Man kann den Sirup für Salatsaucen einsetzen, auf Käsekuchen oder in Getränken. Er ist absolut köstlich!

500 g Kirschen
125 g Zucker
500 ml Sprudelwasser
Saft von 4 Limetten
8 Eiswürfel

Die Kirschen entsteinen. 250 ml Wasser, die Kirschen und den Zucker zum Kochen bringen. 25 Minuten bei niedriger Hitze köcheln lassen.

Alles durch ein Trichtersieb passieren, dabei das Fruchtfleisch der Kirschen zerdrücken und den entstehenden Sirup auffangen – es müssten ungefähr 250 Milliliter werden.

2–3 Stunden kühl stellen.

Den Limettensaft mit dem Sirup vermischen und das Ganze auf Gläser verteilen. Ein paar Eiswürfel dazugeben und mit dem Mineralwasser aufgießen. Lecker!

TIPP
Damit die Cocktails noch hübscher aussehen und noch mehr Spaß machen, kann man je eine essbare Blüte in die Mulden eines Eiswürfelbehälters geben und mit einfrieren. So bekommt man dekorative Eiswürfel!

Abendessen

In meiner Familie war das Abendessen schon immer heilig. Das ist der Teil des Tages, den wir gern zusammen verbringen. Wenn ich das Abendessen mache, stehen immer zwei oder drei Gerichte auf dem Tisch. Ich kombiniere gern kalte und warme Gerichte wie ein Grapefruit-Ceviche für die Frische, einen Teller gebratenen Spargelbrokkoli mit Tahini-Sauce für die Cremigkeit und gefüllte Portobellos, um der Mahlzeit ein bisschen Substanz zu geben. Aus diesen Mischungen der Texturen, der Farben und Geschmäcker kann man schöne Menüs für die Lieben zu Hause zusammenstellen.

SCHICKE SALATE
GERÖSTETES & GEFÜLLTES GEMÜSE
GANZE MAHLZEITEN
SUPPEN & BOUILLONS
PASTA
...

Birnencarpaccio, Ziegenkäse & Pesto

FÜR 4–6 PERSONEN • VORBEREITUNG: 20 MINUTEN • GARZEIT: 5 MINUTEN

Wenn ich ein Abendessen zusammenstelle, mache ich dieses Rezept gern als Vorspeise. Es ist leicht und frisch, und der Ziegenkäse verleiht ihm das gewisse Etwas. Wer keine Birnen hat, kann es mit Äpfeln, Mango oder sogar Papaya ausprobieren.

4 Birnen
100 g Ziegenfrischkäse
50 g Pinienkerne
1 Handvoll Erbsensprossen
Salz und Pfeffer

Petersilienpesto:
2 Bund glatte Petersilie
1 Schalotte
1 Knoblauchzehe
250 ml Olivenöl
Saft von 1 Zitrone

Die Birnen ungeschält der Länge nach in feine Scheiben schneiden. Hübsch auf einer Servierplatte anrichten. Den Ziegenkäse zerbröckelt drüberstreuen.

Die Pinienkerne 5 Minuten ohne Öl bei schwacher Hitze in der Pfanne rösten. Über die Birnen streuen.

Für das Petersilienpesto die Petersilie von den Stielen zupfen. Die Schalotte und den Knoblauch schälen. In Stücke schneiden. Alle Zutaten in einen Mixer geben und zu einer glatten Paste vermixen. Probieren und wenn nötig abschmecken.

Die Birnen mit dem Pesto beträufeln. Mit Salz und Pfeffer würzen.

Mit Erbsensprossen bestreuen. Enjoy!

Spargelsalat mit Avocado & Mango

FÜR 4–6 PERSONEN • ZUBEREITUNG: 20 MINUTEN

In diesem Rohkostsalat trifft ein Korianderpesto auf ein süß-salziges Aroma. Damit er zur ganzen Mahlzeit wird, ergänzt man ihn einfach mit Getreide nach Wahl: Quinoa, Buchweizen, Dinkel …

1 Bund grüner Spargel
1 Mango
1 Avocado
Saft von 1 Zitrone
6 Radieschen
1 Handvoll junge Grünkohlblätter
150 ml Korianderpesto (siehe Rezept S. 242)

Den grünen Spargel putzen, dabei die harten unteren Enden abschneiden, dann mit dem Gemüsehobel in feine Scheibchen hobeln.

Die Mango und die Avocado schälen und vom Kern lösen. Das Fruchtfleisch in kleine Würfel schneiden. Die Avocadowürfel mit dem Zitronensaft beträufeln.

Die Radieschen fein hacken. Alles in einer Schüssel vermischen.

Mit dem Korianderpesto anmachen und mit Grünkohlsprossen bestreuen.

Zitrusfrüchte-Ceviche mit Mango & Avocado

FÜR 4–6 PERSONEN • ZUBEREITUNG: 25 MINUTEN • ZEIT FÜRS MARINIEREN: 5 MINUTEN

Dieses Rezept ist durch die Zitrusfrüchte und den Koriander der Inbegriff der Frische. Es verschönert jeden Sommerabend, ob zum Dinner zu zweit oder als Gericht zum Teilen mit Freunden!

1 Grapefruit
1 Avocado
1 Mango
Saft von ½ Zitrone
2 Frühlingszwiebeln
6 Radieschen
1 Bund Koriander
6 EL Mango-Vinaigrette (siehe Rezept S. 242)
Salz und Pfeffer

Die Grapefruits mit dem Messer schälen und filetieren, das heißt die weiße Haut mit der Schale großzügig abschneiden und die Filets zwischen den Häutchen herausschneiden.

Die Avocado und die Mango schälen und vom Kern lösen. Das Fruchtfleisch der beiden Früchte der Länge nach in feine Scheiben schneiden. Die Avocado mit Zitronensaft beträufeln.

Die Frühlingszwiebeln und die Radieschen in feine Scheiben bzw. Ringe schneiden. Den Koriander hacken.

Die Grapefruitfilets und die Avocado- und Mangoscheiben hübsch auf einem Servierteller anrichten. Die Frühlingszwiebeln und die Radieschen darauf verteilen. Mit Mango-Vinaigrette beträufeln und mit Koriander bestreuen.

5 Minuten kühl stellen und ziehen lassen. Mit Salz und Pfeffer würzen. Sehr kalt servieren.

Blumenkohlsteak mit griechischem Joghurt

FÜR 4 PERSONEN • VORBEREITUNG: 10 MINUTEN • KOCHZEIT: 20 MINUTEN

Dieses Rezept kann sowohl ein eigenes Gericht sein als auch eine Beilage. Wenn es eine vollwertige Mahlzeit werden soll, zusätzlich zum Pesto einfach noch Sauce Gribiche (s. S. 244) dazu servieren.

50 g Haselnüsse
1 Blumenkohl
4 EL Olivenöl
150 ml Petersilienpesto (siehe Rezept S. 160)
4 EL griechischer Joghurt
Salz und Pfeffer

Den Ofen auf 180 °C vorheizen. Die Haselnüsse hacken.

Den Blumenkohl in 3 Zentimeter dicke Scheiben schneiden. Mit Olivenöl beträufeln, mit Salz und Pfeffer würzen. 20–25 Minuten im Ofen backen, bis der Blumenkohl weich und leicht gebräunt ist.

Auf 4 Tellern den griechischen Joghurt und darauf den Blumenkohl verteilen. Mit Petersilienpesto beträufeln und mit den Haselnüssen bestreuen.

Spargel, Ricotta & Heidelbeeren

FÜR 4 PERSONEN • VORBEREITUNG: 10 MINUTEN • GARZEIT: 6-8 MINUTEN

Ein eleganter und farbenfroher Teller, ideal für Gäste! Den Spargel kann man in der Pfanne braten oder grillen, ganz nach Lust und Laune.

1 Bund grüner Spargel
3 EL Olivenöl
Saft von 1 Zitrone
125 g Heidelbeeren
20 g geschälte Mandeln
4 EL griechischer Joghurt
4 EL Ricotta
50 g Grünkohlsprossen
Salz und Pfeffer

Den grünen Spargel putzen, dabei die harten unteren Enden abschneiden. 6–8 Minuten mit 1 Esslöffel Olivenöl in der Pfanne braten. Mit Salz und Pfeffer würzen. Vom Herd nehmen und mit Zitronensaft beträufeln.

Die Heidelbeeren halbieren. Die Mandeln hacken.

Auf die Teller jeweils 1 Esslöffel griechischen Joghurt geben. Die heißen Spargelstangen darauf verteilen, dann die Heidelbeeren und den Ricotta. Mit dem restlichen Olivenöl beträufeln. Mit Salz und Pfeffer würzen. Mit den Mandeln und den Grünkohlsprossen bestreuen.

TIPP
Aus den Spargelenden kann man eine schöne Brühe kochen.

Rote Bete, Ziegenkäse & Orangen

FÜR 4 PERSONEN • ZUBEREITUNG: 25 MINUTEN

Die Mischung von Roter Bete, Ziegenfrischkäse, süßen Orangen und eingelegten Zwiebeln ist einfach perfekt. Die Gurke verleiht dem Ganzen Biss und Frische.

2 rohe Rote Bete
1 Gurke
2 Orangen
½ Granatapfel
100 g griechischer Joghurt
150 g Ziegenfrischkäse
1 Handvoll Erbsensprossen
150 ml Honig-Vinaigrette (siehe Rezept S. 242)
1 Prise Dukkah (siehe Rezept S. 252)
Salz und Pfeffer

Eingelegte Zwiebeln:
1 weiße Zwiebel
500 ml weißer Balsamico
1 Prise Salz
1 EL Zucker

Die Rote Bete schälen und mit dem Gemüsehobel fein hobeln. Mit Salz und Pfeffer würzen und mit 2–3 Esslöffeln Vinaigrette beträufeln.

Für die eingelegte Zwiebel die Zwiebel schälen und fein hacken. In eine Schale geben. Mit dem Balsamicoessig übergießen, 1 Prise Salz und den Zucker zugeben. Vorsichtig vermischen und ziehen lassen.

Die Gurke schälen, von den Kernen befreien und mit dem Gemüsehobel in dünne Scheiben hobeln. Die Orangen filetieren, das heißt die weiße Haut zusammen mit der Schale großzügig abschneiden und die Filets zwischen den Häutchen herausschneiden. Die Granatapfelkerne über einer Schale auslösen.

Auf die Teller jeweils 1 Esslöffel griechischen Joghurt geben, darauf dünne Scheiben Gurke und Rote Bete und die abgetropften eingelegten Zwiebeln – den Essig für eine Vinaigrette aufheben. Mit Orangenfilets garnieren und den Ziegenkäse darüber zerkrümeln. Mit Granatapfelkernen und Erbsensprossen bestreuen. Mit der restlichen Vinaigrette beträufeln. Mit Dukkah bestreuen und falls nötig mit Salz und Pfeffer würzen.

Gebratene Spargelbrokkoli mit Sesamsauce

FÜR 4 PERSONEN • VORBEREITUNG: 15 MINUTEN • GARZEIT: 6–8 MINUTEN

Dieses Gericht liebe ich als Vorspeise. Es ist leicht und frisch, die Sesamsauce gibt ihm zusammen mit dem griechischen Joghurt Cremigkeit, es ist einfach unwiderstehlich. Der Spargelbrokkoli oder auch Broccolini sind reich an Vitamin A, C, K und Folsäure.

2 Bund Spargelbrokkoli
2 EL Olivenöl
2 Frühlingszwiebeln mit ihrem Grün
Saft von ½ Zitrone
6–8 Stiele Dill
Salz und Pfeffer

Sesamsauce:
1 EL Tahini
2 EL griechischer Joghurt
Saft von ½ Limette
1 TL Honig

Den Spargelbrokkoli vorsichtig putzen, 6–8 Minuten bei mittlerer Hitze mit dem Olivenöl in der Pfanne anbraten. Mit Salz und Pfeffer würzen.

Die Frühlingszwiebeln in feine Ringe schneiden. Zusammen mit dem Spargelbrokkoli in einem tiefen Servierteller anrichten und mit dem Zitronensaft beträufeln.

Für die Sauce alle Zutaten in einer Schüssel verrühren, bis eine homogene Konsistenz entsteht. Wenn nötig zum Verdünnen 2 Esslöffel Wasser unterrühren.

Die Sauce über das Gemüse geben. Mit Dill bestreuen. Wenn nötig mit Salz und Pfeffer noch etwas nachwürzen.

Ofen-Aubergine mit Quinoa & Ziegenkäse

FÜR 2 PERSONEN • VORBEREITUNG: 20 MINUTEN • GARZEIT: 35 MINUTEN

Hier ein Rezept, das beeindruckend aussieht, aber überhaupt nicht schwierig zu machen ist!

1 Aubergine
1 Prise Fleur de Sel
1 EL Olivenöl
200 g Quinoa
3–4 Blätter Grünkohl
1 Bund glatte Petersilie
1 Bund Frühlingszwiebeln
40 g Ziegenfrischkäse
1 Handvoll Heidelbeeren
150 ml Tahini-Sauce
(siehe Rezept S. 244)
Salz und Pfeffer

Den Ofen auf 180 °C vorheizen. Die Aubergine der Länge nach halbieren. Die beiden Hälften mit der Schnittfläche nach oben auf ein mit Backpapier belegtes Backblech legen, mit Fleur de Sel bestreuen und mit Olivenöl beträufeln. 30 Minuten im Ofen backen, bis die Oberfläche leicht goldbraun ist. Zur Seite stellen.

In einem Topf mit kochendem Salzwasser die Quinoa 15–20 Minuten köcheln lassen, bis die Körner aufspringen. Abgießen.

Die Ofentemperatur auf 200 °C erhöhen. Den Grünkohl mit Olivenöl benetzen. Mit Salz und Pfeffer würzen. Die Grünkohlblätter auf ein mit Backpapier ausgelegtes Backblech legen und 5–7 Minuten backen, bis sie knusprig sind.

Die Petersilie klein schneiden. Die Frühlingszwiebeln fein hacken. Das Ganze in einer Schüssel mit dem Quinoa vermischen und mit der Hälfte der Vinaigrette anmachen. Den Quinoasalat großzügig auf den Auberginen verteilen. Den Ziegenkäse darüber zerbröckeln, mit Heidelbeeren bestreuen und mit der restlichen Vinaigrette beträufeln.

Geröstete Poblanos mit Rhabarber-Salsa

FÜR 6 PERSONEN • VORBEREITUNG: 15 MINUTEN • GARZEIT: 15 MINUTEN • ZEIT FÜRS MARINIEREN: 5 MINUTEN

Ich habe die Bitterkeit gerösteter Poblanos schon immer geliebt. Mein Rat ist, dieses Rezept mit einer Schale Vollkornreis oder getoastetem Brot zu probieren, die sich wunderbar mit der Joghurt-Salsa vollsaugen.

6 Poblano-Paprikas
3 EL Olivenöl
300 g griechischer Joghurt

Rhabarber-Salsa:
1 Knoblauchzehe
1 rote Zwiebel
½ Stange Rhabarber
1 gelbe Tomate
125 ml weißer Balsamico
2 EL Rohrohrzucker
1 Prise getrockneter Oregano
700 ml Olivenöl
Salz und Pfeffer

Den Ofen auf 180 °C vorheizen. Die Poblanos auf ein mit Backpapier belegtes Backblech legen. Mit Olivenöl beträufeln, mit Salz und Pfeffer würzen. Für 15 Minuten in den Ofen schieben, bis die Haut Farbe annimmt und die Paprika weich ist.

Für die Salsa den Knoblauch und die Zwiebel schälen. Den Knoblauch durch die Knoblauchpresse drücken. Die Zwiebel fein würfeln. Den Rhabarber putzen und in feine Scheibchen schneiden. Die Tomate fein würfeln. Alles zusammen in eine Schüssel geben. In einer Schale den Essig mit dem Zucker und dem Oregano vermischen. Mit Salz und Pfeffer würzen und das Olivenöl unterrühren. Die Vinaigrette mit in die Schüssel geben, alles vermischen und 5 Minuten ziehen lassen.

Auf einem großen Servierteller den griechischen Joghurt verteilen. Die gerösteten Poblanos darauf drapieren und großzügig mit Salsa begießen. Servieren.

Kurkuma-Reis mit Kichererbsen

FÜR 4–6 PERSONEN • VORBEREITUNG: 10 MINUTEN • GARZEIT: 30 MINUTEN

Hier ein vollwertiges und farbenfrohes Gericht, das ich sehr gern für Gäste mache. Der Kurkuma und der Ingwer darin sind gut für den Blutkreislauf.

250 g Basmatireis
1 Knoblauchzehe
1 cm frischer Ingwer
4 EL Olivenöl (1+2+1)
2 EL gemahlener Kurkuma
400 g Kichererbsen aus Dose oder Glas
1 Bund glatte Petersilie
200 g Stangenbohnen
1 EL gemahlener Kreuzkümmel
2 EL Kokosraspel
Salz und Pfeffer

Garnitur:
2 Eier
½ Bund Koriander
Saft von 1 Zitrone

Den Ofen auf 180 °C vorheizen. Den Reis 15 Minuten in einem Topf mit kochendem Salzwasser kochen. Abgießen.

Den Knoblauch und den Ingwer schälen. Beides fein hacken. 5 Minuten bei mittlerer Hitze mit 1 Esslöffel Olivenöl und 1 Esslöffel Kurkuma anbraten. Den Reis dazugeben und mit den Gewürzen ebenfalls 2–3 Minuten braten. Falls nötig, dafür Olivenöl nachgießen.

Die Kichererbsen abtropfen lassen. Mit 2 EL Olivenöl und 1 EL Kurkuma in einer Schale vermischen. Mit Salz und Pfeffer würzen. Dann auf einem Backblech verteilen und für 15 Minuten im Ofen rösten. Das Backblech herausnehmen. Die Petersilie hacken und über die Kichererbsen streuen.

Die Bohnen in Stücke schneiden. In 1 EL Olivenöl den Kreuzkümmel und die Kokosraspel 3–5 Minuten bei mittlerer Hitze in einer Pfanne anbraten. Die Bohnen dazugeben und 5 Minuten mitbraten.

Für die Garnitur die Eier in 10 Minuten hart kochen und schälen.

Den Gewürzreis in eine Servierschale geben, darauf die Kichererbsen mit der Petersilie und die Bohnen. Die hartgekochten Eier halbieren und darauf verteilen, alles mit Zitronensaft beträufeln und mit Koriander dekorieren.

Gefüllte Portobellos

FÜR 6 PERSONEN • VORBEREITUNG: 20 MINUTEN • GARZEIT: 15–20 MINUTEN

Portobellos sind Pilze mit vielen Vitaminen, Mineralstoffen und Antioxidantien. Man kann sie füllen wie in diesem Rezept oder zu einem Curry geben. Sie schmecken in jeder Form!

1 Aubergine
4 EL Olivenöl (2+1+1)
6 Portobellos (oder große Champignons)
80 g Basmatireis
1 Zwiebel
200 g Champignons
1 Maiskolben
½ Bund glatte Petersilie
150 ml Korianderpesto (siehe Rezept S. 242)
2 EL Sesamsaat
Salz und Pfeffer

Den Ofen auf 180 °C vorheizen. Die Aubergine in kleine Würfel schneiden. Auf einem mit Backpapier belegten Backblech verteilen und mit 2 Esslöffeln Olivenöl beträufeln. Für 15–20 Minuten in den Ofen schieben.

Die Portobellos abbürsten und den Stiel entfernen. Die Köpfe mit der offenen Seite nach oben auf ein Backblech mit Backpapier legen und mit 1 Esslöffel Olivenöl beträufeln. Mit Salz und Pfeffer würzen. In den Ofen schieben und 15 Minuten rösten.

Den Reis 12–15 Minuten in einem Topf mit kochendem Wasser kochen. Nach der Hälfte der Kochzeit salzen, dann abgießen.

Die Zwiebel schälen und würfeln. Die Champignons abbürsten, die Stiele entfernen und die Hüte in kleine Würfel schneiden. Die Maiskörner vom Kolben schneiden. Die Zwiebel mit dem restlichen Olivenöl 3–4 Minuten bei mittlerer Hitze in einer Pfanne anbraten. Die Champignons dazugeben und 3–4 Minuten mitbraten, dann den Mais und weitere 3–4 Minuten braten.

Die Petersilie hacken. Den Reis, die Auberginenwürfel, die Gemüsepfanne und die Petersilie in einer Schüssel mischen. Falls nötig mit Salz und Pfeffer würzen.

Die Portobellos mit der heißen Mischung füllen. Mit 1 Esslöffel Korianderpesto beträufeln. Mit Sesam bestreuen.

Ofengemüse

FÜR 4–6 PERSONEN • VORBEREITUNG: 10 MINUTEN • GARZEIT: 15 MINUTEN

Die komplette Mahlzeit auf einem Blech!
Dieses Rezept kann man ganz einfach je nach Jahreszeit variieren, das Wichtigste ist nur, dass alle Gemüse gleich groß geschnitten werden, um das Garen zu erleichtern.

1 Aubergine
½ Blumenkohl
1 rote Paprika
1 Süßkartoffel
4 Champignons
2 Karotten
1 Rote Bete
3 EL Olivenöl
Salz und Pfeffer

Zum Servieren:
Sauce nach Wahl (siehe Rezepte S. 244)
Hummus (siehe Rezept S. 126)

Den Ofen auf 180 °C vorheizen. Den Blumenkohl in Röschen teilen, dann das restliche Gemüse in Stücke schneiden, die so groß sind wie die Blumenkohlröschen.

Alles auf einem mit Backpapier ausgelegten Backblech verteilen. Mit Olivenöl beträufeln und mit Salz und Pfeffer würzen.

Für 45 Minuten in den Ofen schieben, das Gemüse ab und zu durchrühren.

Mit einer Sauce nach Wahl oder Hummus servieren.

TIPP
Ich liebe Ofengemüse mit Sauce Gribiche (S. 244), die dem Ganzen Frische und eine leicht bittere Note verleiht und Eiweiß beisteuert. Das Ofengemüse passt auch sehr gut zum Summer Rice Chimichurri (siehe Rezept S. 106).

Herbstgratin

FÜR 6 PERSONEN • VORBEREITUNG: 30 MINUTEN • GARZEIT: 1 STUNDE 20

Dieses Gratin mache ich schrecklich gern, sobald es draußen kälter wird. Der Fenchel verleiht dem Gratin Frische. Ein echtes Soulfood und ein sehr schönes Gericht für die Familie.

6 Kartoffeln
2 Schalotten
2 Knoblauchzehen
400 ml Sahne
15 g Butter
1 rote Zwiebel
½ Fenchel
50 g Parmesan
1–2 Zweige Bohnenkraut
Salz und Pfeffer

Den Ofen auf 170 °C vorheizen. Die Kartoffeln schälen und mit dem Gemüsehobel in feine Scheiben hobeln.

Die Schalotten und den Knoblauch schälen. Zusammen mit der Sahne in einen Topf geben. Mit Salz und Pfeffer würzen und langsam aufkochen. Die Kartoffeln zugeben und 5 Minuten mitkochen, immer noch bei niedriger Hitze. Abkühlen lassen.

Eine Auflaufform mit Butter einfetten. Die rote Zwiebel schälen. In feine Streifen schneiden, den Fenchel ebenfalls.

Die Kartoffelscheiben abwechselnd mit den Fenchel- und Zwiebelscheiben in die Form schichten. Alles mit der Sahne übergießen und mit Alufolie abdecken. Für 50 Minuten in den Ofen schieben, bis die Kartoffeln weich und cremig sind.

Aus dem Ofen holen und mit dem geriebenen Parmesan bestreuen. Den Ofengrill einschalten und den Auflauf 5–10 Minuten überbacken, bis der Käse brodelt und goldbraun wird. Das heiße Gratin mit den Bohnenkrautblättchen bestreuen und servieren.

Shiitake-Curry mit Kokos

FÜR 4–6 PERSONEN • VORBEREITUNG: 30 MINUTEN • GARZEIT: 35–45 MINUTEN

Shiitakepilze sind sehr gesund. Sie besitzen antivirale, antibakterielle, antifungale und entzündungshemmende Eigenschaften. Man kann sie nach Wahl ins Curry geben oder als Garnitur einsetzen.

10 Shiitakepilze
2 EL Olivenöl
2 Knoblauchzehen
1 Zwiebel
3 Schalotten
1 cm frischer Ingwer
1 cm Kurkumawurzel
2 EL grüne Currypaste
1 Butternut-Kürbis
300 g geschälte Tomaten aus Dose oder Glas
400 ml Kokosmilch
Salz und Pfeffer

Garnitur:
100 g Pinienkerne
½ Rotkohl
1 Kokosnuss
1 grüne Tomate
1 Bund Koriander

Die Shiitakepilze 6–8 Minuten bei mittlerer Hitze mit 1 Esslöffel Olivenöl braten, bis sie weich sind.

Den Knoblauch, die Zwiebel und die Schalotten schälen. Den Ingwer und die Kurkumawurzel ebenfalls. Alles in feine Scheiben schneiden, dann 5–10 Minuten bei schwacher Hitze mit dem restlichen Olivenöl und der Currypaste in einem Topf anbraten.

Den Butternut-Kürbis schälen und in Stücke schneiden. In den Topf geben und 5 Minuten mit dem Curry braten

Die Dosentomaten und die Kokosmilch zugeben und 20 Minuten bei schwacher Hitze köcheln lassen. Mit einer Gabel prüfen, ob der Kürbis gar ist, dann die Shiitakepilze zugeben. Noch einmal 3–5 Minuten köcheln lassen. Mit Salz und Pfeffer würzen.

Für die Garnitur die Pinienkerne 5 Minuten in einer kleinen Pfanne bei schwacher Hitze unter ständigem Rühren goldbraun rösten. Den Kohl in feine Streifen schneiden, die Kokosnuss öffnen und das Fruchtfleisch herauslösen Dieses und die Tomate in Stücke schneiden, den Koriander abzupfen.

Das Curry auf Schalen verteilen. Je nach Geschmack mit Kohlstreifen, Kokosnuss oder Tomate, Pinienkernen oder Koriander dekorieren. Schön heiß genießen!

Linsen-Süßkartoffel-Curry

FÜR 4–6 PERSONEN • VORBEREITUNG: 30 MINUTEN • GARZEIT: 30–35 MINUTEN

In meinem Restaurant in Paris kochen wir im Winter jeden Tag Currys. Ich liebe es, dieses würzige und wärmende Gericht mit Rohkost-Zutaten zu garnieren, um dem Ganzen Frische und einen überraschenden Biss zu verleihen.

200 g rote Linsen
2 Knoblauchzehen
1 Zwiebel
3 Schalotten
1 EL Olivenöl
1 EL gemahlener Ingwer
2 EL grüne Currypaste
2 Süßkartoffeln
400 ml Kokosmilch
Salz und Pfeffer

Garnitur:
2 Karotten
½ rote Zwiebel
2 Zweige Basilikum
2 EL Crème fraîche
1 Handvoll Cashewkerne

Die Linsen 10–15 Minuten in einem Topf mit kochendem Salzwasser garen, bis sie weich sind. Abgießen.

Währenddessen den Knoblauch, die Zwiebel und die Schalotten schälen. In feine Streifen schneiden, dann 5–10 Minuten in einem zweiten Topf mit dem Olivenöl, dem Ingwer und der Currypaste bei niedriger Hitze anbraten.

Die Süßkartoffeln schälen und in Stücke schneiden. In den Topf geben und 5 Minuten mit dem Curry anbraten.

Die Kokosmilch über die Süßkartoffeln gießen und 10 Minuten köcheln lassen, immer noch bei niedriger Hitze. Falls nötig, ein bisschen Wasser zufügen. Mit einer Gabel prüfen, ob die Süßkartoffeln gar sind, dann die Linsen zugeben. Noch einmal 3–4 Minuten köcheln lassen. Mit Salz und Pfeffer würzen.

Die Garnituren vorbereiten. Dafür die Karotten schälen und hobeln. Die Zwiebel schälen und fein würfeln. Die Cashewkerne hacken.

Das Linsencurry auf Schalen verteilen. Nach Geschmack mit der geriebenen Karotte, den gewürfelten roten Zwiebeln, Basilikumblättern, einem Löffel Crème fraîche oder gehackten Cashewkernen garnieren. Heiß genießen!

Chili sin carne

FÜR 10 PERSONEN • VORBEREITUNG: 25 MINUTEN • GARZEIT: 45 MINUTEN

Dieses Gericht koche ich im Sommer wie im Winter, wenn ich viele Gäste eingeladen habe. Es schmeckt allen! Der Klecks Crème fraîche ist das Tüpfelchen auf dem I. Dazu passen Maischips oder Weißbrot mit Butter.

2 Knoblauchzehen
350 g Zwiebeln
5 EL Olivenöl
10 g gemahlener Kreuzkümmel
10 g Paprika
10 g getrockneter Oregano
1 ordentliche Prise Salz
300 g Kartoffeln
250 g Mais aus Dose oder Glas
800 g rote Bohnen aus Dose oder Glas
1,25kg geschälte Tomaten aus Dose oder Glas
50 g Frühlingszwiebeln
1 Bund Koriander
100 g Crème fraîche
150 g Emmentaler oder Greyerzer
ein paar Erbsensprossen

Den Knoblauch schälen und fein hacken. Die Zwiebeln schälen und in Würfel schneiden. In einem Topf beides in dem Olivenöl 5 Minuten anbraten. Die Gewürze, den Oregano und das Salz zugeben und 6–8 Minuten bei schwacher Hitze garen.

Die Kartoffeln schälen und in Stücke schneiden. Zusammen mit dem Mais, den Bohnen und den Tomaten mit in den Topf geben. Mischen, abschmecken und falls nötig nachwürzen. 35 Minuten köcheln lassen, bis die Kartoffeln gar sind.

Die Frühlingszwiebeln fein hacken und in eine Schale geben. Den Koriander abzupfen.

Das heiße Chili in Schalen servieren. Jeweils mit einem Esslöffel Crème fraîche, Käse, Koriander, Frühlingszwiebeln und ein paar kleinen Sprossen garnieren. Salzen und pfeffern und sofort genießen.

Gnocchi mit Gorgonzola & Salbei

FÜR 4 PERSONEN • VORBEREITUNG: 25 MINUTEN • ZUBEREITUNG: 45 MINUTEN

Das perfekte Soulfood für den Winter! Die Mischung aus Kartoffeln, Salbei und Gorgonzola ist gleichzeitig subtil und überraschend.

4 blaue Kartoffeln
300 g Weizenmehl
2 Prisen Salz
1 Ei
150 g Gorgonzola
60 g Butter
6 Salbeiblätter

Die Kartoffeln schälen und in kochendem Salzwasser ca. 30 Minuten garen, bis man sie leicht mit der Gabel einstechen kann. Abgießen und durch die Presse drücken. In einer Schüssel abkühlen lassen.

Das Mehl und das Salz zufügen. Vermischen und dann das Ei unterkneten, bis eine glatte Masse entsteht.

Den Teig zu Würsten rollen und in daumengroße Stücke schneiden. Diese leicht mit der Gabel eindrücken, damit die typische Rillenform entsteht.

Die Gnocchi 2 Minuten in einem Topf mit kochendem Salzwasser gar ziehen lassen, wenn nötig portionsweise. Abgießen und dabei ein paar Esslöffel Kochwasser behalten.

Den Gorgonzola in Stücke schneiden. In den Topf geben und mit dem zurückgehaltenen Kochwasser 5 Minuten erwärmen, bis eine homogene Sauce entsteht. Die Gnocchi dazugeben und vermischen.

In einer Pfanne die Butter schmelzen. Den Salbei zugeben und die Blätter braten, bis sie knusprig sind. Über die Gnocchi streuen.

Ofen-Aubergine mit Gewürzen & Soba

FÜR 4 PERSONEN • VORBEREITUNG: 15 MINUTEN • ZUBEREITUNG: 35 MINUTEN

Dieses Gericht kann man warm oder kalt essen, es ist ziemlich schnell und einfach zuzubereiten für ein ausgewogenes Abendessen unter der Woche.

1 Aubergine
2 EL Olivenöl
300 g Soba-Nudeln
1 Bund Koriander
1 Limette (bio)
2 Prisen Keïli-Gewürzmischung (siehe Rezept S. 252)
Fleur de Sel und Pfeffer

Sauce:
3 EL Tahini-Sesampaste
3 EL Tamari-Sojasauce
1 EL Honig
1 TL rote Chiliflocken
3 EL Sesamöl
6 EL Olivenöl

Den Ofen auf 180 °C vorheizen. Die Aubergine halbieren. Beide Hälften mit der Schnittseite nach oben auf ein mit Backpapier ausgelegtes Backblech legen, mit Fleur de Sel bestreuen und mit Olivenöl beträufeln. Für 35 Minuten in den Ofen schieben, bis die Aubergine weich und ein bisschen gebräunt ist. In Scheiben schneiden.

Die Soba 3 Minuten in einem Topf mit kochendem Salzwasser garen. Abgießen und unter kaltem Wasser abspülen.

Für die Sauce in einem Schale das Tahini, die Tamari, den Honig, die Chiliflocken und die Öle zu einer homogenen Sauce verrühren.

Den Koriander zupfen. Die Limettenschale abreiben oder Zesten reißen.

Die Nudeln in einen tiefen Teller geben, darauf die Auberginenscheiben anrichten. Mit der Sauce beträufeln. Mit Koriander und Zitronenabrieb und den Gewürzen bestreuen. Sofort servieren!

Soba-Brühe

FÜR 4 PERSONEN • VORBEREITUNG: 10 MINUTEN • ZUBEREITUNG: 15 MINUTEN

Die klare Brühe für dieses Rezept ist sehr schnell gemacht. Wer keine Algenflocken bekommt, kann sie durch einen Esslöffel weiße Misopaste ersetzen. Die Tamari ist eine besondere Sojasauce, sie ist reich an Eiweiß und Antioxidantien. Ich benutze sie oft in meinen Brühen und Saucen, um sie zu salzen und ihren Geschmack zu vertiefen.

2 Knoblauchzehen
1 cm frischer Ingwer
120 ml Tamari-Sojasauce
3 EL Nori- oder andere Algenflocken
1 Pak-Choi-Kohl
2 EL Olivenöl
120 g Spinat
180 g Soba-Nudeln
1 Gurke
2 Frühlingszwiebeln
4 superfrische Eigelb
1 Handvoll Spargelbrokkoli-Blätter
2 EL Sesamsaat
Salz und Pfeffer

Den Knoblauch und den Ingwer schälen. Beides fein hacken. In einem kleinen Topf 400 ml Wasser mit dem Knoblauch und dem Ingwer aufkochen. Die Hitze herunterdrehen und die Brühe 10 Minuten köcheln lassen. Die Tamari-Sauce und die Noriflocken (falls verwendet) dazugeben. Warm stellen.

Den Pak Choi der Länge nach aufschneiden. In einer großen Pfanne bei mittlerer Hitze 6–8 Minuten mit dem Olivenöl anbraten, ab und zu umrühren, bis er weich ist. Nach der Hälfte der Garzeit den Spinat zugeben. Mit Salz und Pfeffer würzen.

Die Soba-Nudeln 2–3 Minuten in einem großen Topf mit Salzwasser kochen, ab und zu umrühren. Abgießen.

Die Gurke in feine Scheiben schneiden. Die Frühlingszwiebel putzen und in feine Ringe schneiden. Die Soba und die Brühe auf Schalen verteilen. Den Pak Choi, den Spinat und die Eigelbe zugeben. Mit Frühlingszwiebeln, Gurkenscheiben, Spargelbrokkoli-Blättern und Sesamsaat dekorieren.

TIPP
Man kann Noriflocken auch selbst herstellen, indem man ein Noriblatt in sehr kleine Stücke schneidet.

Champignon-cremesuppe

FÜR 6 PERSONEN • VORBEREITUNG: 15 MINUTEN • ZUBEREITUNG: 35 MINUTEN

Diese Suppe liebe ich im Herbst. Damit sie noch eine knackige Komponente bekommt, kann man sie direkt vor dem Servieren mit Pinienkernen bestreuen.

500 g Champignons
2 Knoblauchzehen
2 Zwiebeln
1 EL Olivenöl
500 ml Haferdrink
60 g Pinienkerne
Salz und Pfeffer

Die Champignons abbürsten und den Stiel entfernen. Den Knoblauch und die Zwiebeln schälen. Pilze, Knoblauch und Zwiebeln und in grobe Stücke schneiden. Zusammen mit dem Olivenöl 5 Minuten in einem Topf anbraten. Wasser zugießen, bis alles bedeckt ist, und 30 Minuten kochen.

Die Pinienkerne 5 Minuten ohne Öl unter ständigem Rühren in einer kleinen Pfanne anrösten.

Den Haferdrink zur Suppe geben und diese im Mixer oder mit dem Pürierstab pürieren, bis sie ganz glatt ist. Abschmecken und wenn nötig nachwürzen.

Die Suppe auf Schalen verteilen. Mit gerösteten Pinienkernen bestreuen.

TIPP
Um der Suppe einen eleganten Touch zu verleihen, kann man sie mit gebratenen Salbeiblättern bestreuen. Dafür die Blätter von einem Bund Salbei zupfen und 2–3 Minuten bei mittlerer Hitze in einer Pfanne mit 1 Esslöffel Olivenöl braten, bis sie knusprig sind. Mit Salz und Pfeffer würzen. Fertig!

Süßkartoffel-cremesuppe

FÜR 6–8 PERSONEN • VORBEREITUNG: 15 MINUTEN • ZUBEREITUNG: 35 MINUTEN

Diese Suppe ist stärkend und wohltuend für den Körper und genauso für den Geist!

2 Süßkartoffeln
5 Karotten
2 Zwiebeln
1 Butternut-Kürbis
1 cm Kurkumawurzel
1 cm frischer Ingwer
2 EL Olivenöl
1 Handvoll Erbsensprossen
Salz und Pfeffer

Die Süßkartoffeln, die Karotten und die Zwiebeln schälen. Den Kürbis schälen und von den Kernen befreien. Den Ingwer und die Kurkumawurzel schälen. Alles in grobe Stücke schneiden.

Das Olivenöl in einem großen Topf oder Bräter erhitzen, dann Kurkuma- und Ingwerstücke 1 Minute darin braten. Das geschnittene Gemüse zufügen und 5 Minuten mitbraten. Mit Salz und Pfeffer würzen und mit Wasser aufgießen, bis alles bedeckt ist. Ca. 30 Minuten köcheln lassen, bis das Gemüse weich ist.

In einem Mixer oder mit dem Pürierstab mixen, bis die Suppe schön glatt ist.

Abschmecken und wenn nötig nachwürzen. Die Suppe in Schalen servieren und für einen Hauch Farbe mit Erbsensprossen bestreuen.

Sellerie-cremesuppe

FÜR 6 PERSONEN • VORBEREITUNG: 20 MINUTEN • ZUBEREITUNG: 25–30 MINUTEN

Die Verbindung von Sellerie und Kokosmilch ist sehr wärmend. Die Kraft des Ingwers heizt den Körper auf, und der Limettensaft balanciert den Geschmack aus.

2 Sellerieknollen
2 Zwiebeln
2 Knoblauchzehen
3–4 Schalotten
1 cm frischer Ingwer
2 EL Olivenöl
1 l Kokosmilch
Salz und Pfeffer

Garnitur:
50 g Pistazien
Saft von 1 Limette

Die Sellerieknollen, die Zwiebeln, den Knoblauch, die Schalotten und den Ingwer schälen. Alles in grobe Stücke schneiden.

In einer Pfanne die Zwiebeln, den Knoblauch, die Schalotten und den Ingwer ca. 5 Minuten mit dem Olivenöl bei mittlerer Hitze anbraten. Den Sellerie und 1 Prise Salz zugeben. 5 Minuten mitbraten. Wasser angießen, bis alles bedeckt ist, abdecken und 15–20 Minuten bei niedriger Hitze köcheln lassen, bis der Sellerie gar ist – er soll sich leicht mit einer Gabel einstechen lassen.

Alles im Mixer oder mit dem Pürierstab zusammen mit der Kokosmilch fein pürieren.

Die Pistazien hacken. Die Suppe in Schalen servieren und Pistazien darauf verteilen. Mit Limettensaft beträufeln. Würzen und servieren.

Desserts

In diesem Kapitel stelle ich meine Lieblingsdesserts vor. Es ist eine Mischung aus den Desserts meiner Kindheit in den USA und solchen, die ich bei meiner Ankunft in Frankreich entdeckt habe. Mousse au chocolat, Kokospudding, Marshmallows, Bauerntarte mit Rhabarber, Pekannusskuchen … Es ist für jeden Geschmack und alle Anlässe etwas dabei. Für unbeschwerten Genuss!

CREMES & MARSHMALLOWS
PLÄTZCHEN
TARTES & PIES
FESTLICHE KUCHEN
…

Marshmallow floral

FÜR 6 PERSONEN • VORBEREITUNG: 25 MINUTEN • ZUBEREITUNG: 5 MINUTEN • RUHEN LASSEN: 36 STUNDEN

Alle lieben Marshmallows, ob klein oder groß. Auf dem Land essen wir sie beim Camping: an Stöcken über dem Lagerfeuer geröstet.

20 g Butter
60 g Puderzucker
60 g Maisstärke
2 TL Agar-Agar
250 g Zucker
120 g Glukosesirup
3 Eiweiß
½ TL Guarkernmehl
1 Spritzer Zitronensaft
1 TL Vanillearoma
25 g getrocknete essbare Blüten (z.B. Kornblume, Ringelblume, Veilchen, Rosmarinblüten …

Eine quadratische Form (20 cm x 20 cm) mit Butter einfetten. In einer Schale den Puderzucker mit der Maisstärke mischen, dann die Form mit ein paar Prisen davon bestäuben. Die Schale abdecken und beiseitestellen.

In einem kleinen Topf das Agar-Agar in 120 ml Wasser einrühren, dann zur Seite stellen. In einem weiteren Topf den Zucker, den Glukosesirup und 60 ml Wasser mischen. Ohne Rühren aufkochen und den Topf sofort vom Herd nehmen, wenn Zuckersirup daraus geworden ist.

In der Küchenmaschine das Eiweiß mit dem Guarkernmehl, dem Zitronensaft und dem Vanillearoma aufschlagen, bis die Mischung fest ist. Vorsichtig den Zuckersirup hinzugeben, währenddessen bei mittlerer Geschwindigkeit weiterschlagen. Dann die Geschwindigkeit wieder erhöhen und noch 2 Minuten schlagen.

Das Wasser mit dem Agar-Agar aufkochen und 1 Minute unter ständigem Rühren sprudelnd kochen lassen. Das Agar-Agar unter die Eiweißmasse rühren und 12–15 Minuten auf höchster Stufe weiterrühren, bis ein ziemlich fester Schaumzucker entsteht. Diesen in die Form gießen und mit einem feuchten Spachtel glätten. Mit einem Drittel der Puderzucker-Maisstärke-Mischung bestreuen, abdecken und eine Nacht bei Raumtemperatur ruhen lassen.

Am nächsten Morgen die Arbeitsfläche mit dem Rest der Zucker-Stärke-Mischung bestreuen. Den Schaumzucker aus der Form stürzen und in Marshmallow-Würfel mit 4 Zentimeter Seitenlänge schneiden. Die Marshmallows in der Puderzuckermischung wälzen, dann mit den getrockneten essbaren Blüten bestreuen. Vor dem Verzehr bei Raumtemperatur trocknen lassen.

Obstsalat

FÜR 4–6 PERSONEN • ZUBEREITUNG: 10 MINUTEN

Dieser Obstsalat ist überraschend, denn man kann ihn süß oder salzig essen. Zugleich knackig, frisch und bunt, ist er perfekt als Abschluss einer reichhaltigen Mahlzeit.

1 Mango
½ Gurke
2 Kiwis
5–10 Brombeeren
10 Kumquats
4 Stiele Minze
1 EL Honig oder Ahornsirup

Die Mango schälen und vom Kern befreien. Die Gurke schälen und von den Kernen befreien. Die Kiwis schälen. Alles in kleine Stücke schneiden. Die Kumquats halbieren. Die Minzblätter abzupfen und hacken.

Alle Früchte in einer Schüssel vermischen. Mit dem Honig beträufeln und mit der Minze bestreuen.

Fontainebleau mit Heidelbeeren

FÜR 4 PERSONEN • ZUBEREITUNG: 15 MINUTEN

Ein luftiges, cremiges Dessert, das ganz einfach herzustellen ist. Die Garnitur kann man ganz nach Lust und Laune variieren: frische Früchte, Nüsse, selbstgemachtes Knuspermüsli …

250 ml Sahne
250 g griechischer Joghurt
50 g Haselnüsse
1 EL Honig
50 g Heidelbeeren

Die Sahne steif schlagen, aber nicht zu steif. Vorsichtig den griechischen Joghurt unterziehen.

Die Creme in eine Spritztülle füllen und auf 4 Schälchen verteilen.

Die Haselnüsse grob hacken. Die Joghurt-Sahne-Mischung mit dem Honig beträufeln und dann mit den Heidelbeeren und Haselnüssen bestreuen.

Kokos-
pudding

FÜR 4–6 PERSONEN • VORBEREITUNG: 10 MINUTEN • ZUBEREITUNG: 10 MINUTEN • KÜHLEN: 2 STUNDEN

Dieses Rezept mache ich besonders gern für Kinder. Die Kokosnuss verleiht dem traditionellen Puddingrezept Exotik. Als Variation passen dazu frische Früchte, die gerade Saison haben.

250 ml Kokosmilch
4 Eigelb
50 g Zucker
50 g Haferdrink
3 TL Maisstärke
1 Vanilleschote
20 g Haselnüsse
20 g Kokosspäne

In einem kleinen Topf langsam die Kokosmilch aufkochen.

In einer Rührschüssel das Eigelb mit dem Zucker, dem Haferdrink und der Maisstärke aufschlagen. Ein Drittel der heißen Kokosmilch hineingeben. Damit die Eier nicht gerinnen, sofort mit dem Schneebesen unterschlagen, bis eine homogene Masse entsteht. Dann die restliche Kokosmilch unterrühren. Alles in den Topf zurückgeben, langsam aufkochen und 5 Minuten köcheln lassen, dabei mit einem Holzlöffel umrühren.

Die Vanilleschote längs aufschneiden. Den Pudding vom Herd nehmen und die Vanilleschote hinzugeben. Die Creme in eine Schale füllen und mindestens 2 Stunden an einem kühlen Ort durchziehen lassen.

Die Haselnüsse grob zerstoßen. Die Vanilleschote aus der Creme nehmen und die Kokoscreme mit Nüssen und Kokosspänen garniert servieren.

Mousse au chocolat mit Fleur de Sel

FÜR 4 PERSONEN • VORBEREITUNG: 15 MINUTEN • KÜHLEN: 2 STUNDEN

Diese Mousse au Chocolat macht meine Gäste immer glücklich. Auf keinen Fall das Fleur de Sel vergessen, das ist das Geheimnis dieses Rezeptes!

200 ml Sahne
4 Eigelb + 2 Eiweiß
1 Prise Fleur de Sel
3 EL Zucker
200 g dunkle Schokolade

Die Sahne in eine große Schüssel geben und steif schlagen. Kühl stellen.

In einer zweiten Schüssel über dem Wasserbad die Eigelbe mit 2 Esslöffeln Zucker aufschlagen. Die Mischung unter ständigem Schlagen so erhitzen, dass das Eigelb nicht stockt. Die Schüssel vom Wassertopf nehmen und die zerbröckelte Schokolade dazugeben. Die Schokolade schmelzen, indem man sie in die Eigelb-Zucker-Masse rührt, bis die Mischung homogen ist. Ruhen lassen.

In einer weiteren Schüssel das Eiweiß zu Eischnee schlagen. Den restlichen Zucker einrieseln lassen und weiterschlagen. Den Eischnee vorsichtig mit einem Spatel unter die Schokoladenmischung ziehen, dann die Schlagsahne.

Die Mousse au Chocolat in eine Schale füllen und mindestens 2 Stunden kühl stellen.

Eis am Stiel aus Sommerfrüchten

FÜR 6–8 EIS AM STIEL • VORBEREITUNG: 5 MINUTEN • EINFRIEREN: 2 STUNDEN

Als ich klein war, habe ich im Sommer Eis am Stiel geliebt. Meine Mutter hat dafür immer frische Früchte verwendet, die sie mit etwas Honig püriert hat. Ein einfaches und gesundes Rezept, das sie an mich weitergegeben hat und das ich jetzt an euch weitergebe.

¼ Wassermelone
2 weiße Pfirsiche
Saft von ½ Zitrone
2 EL Honig

Die Wassermelone schälen und die Kerne entfernen. Die Pfirsiche schälen und vom Stein befreien. Das Fruchtfleisch in Stücke schneiden.

Die Früchte mit dem Zitronensaft und dem Honig 1 Minute im Mixer mixen. Die Mischung in Eisförmchen füllen und mindestens 2 Stunden ins Gefrierfach stellen.

Das fertige Eis hält sich 2 Wochen im Gefrierfach.

TIPP
Für die vegane Version den Honig durch Agavensirup ersetzen.

Bauerntarte mit Rhabarber

FÜR 4–6 PERSONEN • VORBEREITUNG: 30 MINUTEN • BACKZEIT: 30–45 MINUTEN

Hier eine originelle und sehr einfach zu machende Bauerntarte oder Tarte rustique, in Deutschland auch Galette genannt. Ich rate, sie mit Crème fraîche und ein bisschen Puderzucker zu servieren.

6 Stangen Rhabarber

Teig:
200 g Weizenmehl
50 g Buchweizenmehl
120 ml Pflanzenöl
80 ml lauwarmes Wasser
1 TL Backpulver
1 Prise Salz
1 Prise Zucker
Butter für die Form

Haselnusscreme:
80 g Butter
80 g Zucker
2 Eier
1 EL Cognac
80 g gemahlene Haselnüsse

Für den Teig die beiden Mehlsorten in eine Rührschüssel geben. In die Mitte eine Kuhle drücken und das Öl und das lauwarme Wasser hineingeben. Das Backpulver, das Salz und den Zucker zugeben. Mit einem Holzlöffel vermischen und dann mit der Hand kneten, bis sich eine Kugel bilden lässt. Den Teig ausrollen und eine mit Butter eingefettete Tarte-Form damit auskleiden.

Für die Haselnusscreme mit einem Spatel die Butter cremig kneten. Danach mit dem Schneebesen den Zucker, dann nach und nach die Eier einarbeiten. Den Cognac unterrühren, dann die gemahlenen Nüsse, bis die Creme glatt und homogen ist.

Den Ofen auf 180 °C vorheizen. Den Rhabarber putzen, die Stangen auf eine Platte legen und mit Zucker bestreuen – das nimmt ihnen die Säure.

Die Haselnusscreme mit einem Spritzbeutel auf dem Teigboden verteilen, dann die Rhabarberstangen hübsch darauf anordnen. 30–45 Minuten backen.

Pflaumentarte

FÜR 4–6 PERSONEN • VORBEREITUNG: 30 MINUTEN • BACKZEIT: 30–45 MINUTEN

Die perfekte Tarte für einen Sonntagnachmittag!
Der Duft der warmen Pflaumen wird durchs ganze Haus ziehen …

10 Pflaumen

Teig:
250 g Weizenmehl
120 ml Pflanzenöl
80 ml lauwarmes Wasser
1 TL Backpulver
1 Prise Salz
1 Prise Zucker
Butter für die Form

Mandelcreme:
60 g Butter
60 g Rohrohrzucker
2 Eier
1 EL Portwein
60 g gemahlene Mandeln.

Für den Teig die beiden Mehlsorten in eine Rührschüssel geben. In die Mitte eine Kuhle machen und das Öl und das lauwarme Wasser hineingeben. Das Backpulver, das Salz und den Zucker zugeben. Mit einem Holzlöffel vermischen und dann mit der Hand kneten, bis sich eine Kugel bilden lässt. Den Teig ausrollen und eine mit Butter eingefettete Tarte-Form damit auskleiden.

Für die Mandelcreme mit einem Spatel die Butter cremig kneten. Danach mit dem Schneebesen den Zucker, dann nach und nach die Eier einarbeiten. Den Portwein unterrühren, dann die gemahlenen Mandeln, bis die Creme glatt und homogen ist.

Den Ofen auf 180 °C vorheizen. Die Pflaumen halbieren und vom Kern befreien. Die Mandelcreme mit einem Spritzbeutel auf dem Teigboden verteilen, dann die Pflaumen mit der Schnittseite nach oben hübsch darauf verteilen. 30–45 Minuten backen.

Mini Cheesecakes

ERGIBT 30 STÜCK • VORBEREITUNG: 30 MINUTEN • KÜHLZEIT: 30 MINUTEN • BACKZEIT: 20 MINUTEN

Man kann dieselbe Menge für einen großen Cheesecake nehmen. In diesem Fall muss man beim zweiten Backvorgang aber eine Stunde Backzeit einrechnen.

700 g Rahmfrischkäse
150 g Zucker
115 g Crème fraîche
3 Eier
1 Zitrone
250 ml Schlagsahne
250 g Himbeeren
Ein paar Zweige Minze

Teig:
110 g Butter
200 g Zucker
1 Ei
140 g Reismehl
115 g fein gemahlene Mandeln
30 g Kartoffelstärke
1 Prise Salz

Glasur:
300 g Rahmfrischkäse
150 g Puderzucker

Für den Teig die Butter in einer Rührschüssel mit dem elektrischen Mixer aufschlagen, damit sie weich wird. Weiterschlagen und dabei nach und nach den Zucker einrieseln lassen, danach das Ei zugeben. In einer Schüssel die beiden Mehlsorten, die Stärke und das Salz mischen. In die Buttermischung einrühren, bis ein glatter Teig entsteht. Eine Kugel formen, in Frischhaltefolie wickeln und mindestens 30 Minuten im Kühlschrank ruhen lassen.

In einer zweiten Rührschüssel den Frischkäse mit einem Holzlöffel mit dem Zucker verrühren. Die Crème fraîche einarbeiten, dann nach und nach die Eier. Die Zitronenschale hineinreiben, dann die Schlagsahne dazugießen. Noch einmal verrühren.

Den Ofen auf 180 °C vorheizen. Den Teig mit einem Rollholz auf 1 Zentimeter Dicke ausrollen. 30 Teigkreise von ca. 5 Zentimetern Durchmesser ausschneiden und auf den Boden von Silikon-Muffinformen legen. 10 Minuten vorbacken, bis die Teigböden leicht golden sind. Aus dem Ofen holen und abkühlen lassen.

Die Ofentemperatur auf 150 °C senken. Die Frischkäsemasse mit einem Esslöffel auf die Teigböden in den Formen verteilen und glätten. Noch einmal 10 Minuten backen. An einem kühlen Ort komplett abkühlen lassen.

Für die Glasur den Frischkäse vorsichtig mit dem Puderzucker verrühren, bis eine glatte Konsistenz entsteht. Die Masse mit einem Spritzbeutel auf die Küchlein spritzen. Die Himbeeren halbieren, die Minze zupfen und die Cheesecakes damit dekorieren.

AUFBEWAHRUNG
Man kann die Mini-Cheesecakes einfrieren und für einen schönen Anlass auftauen.

Red velvet

FÜR 10–12 CUPCAKES • VORBEREITUNG: 25 MINUTEN • BACKZEIT: 30 MINUTEN

Ihre Gäste werden niemals ahnen, dass dieser Kuchen glutenfrei ist! Dieses traditionelle amerikanische Rezept mag ich am liebsten in Form von Cupcakes, es ist ideal zum Nachmittagskaffee oder als elegantes Dessert.

250 ml Vollmilch
1 EL Weißweinessig
120 g Butter
300 g Zucker
2 Eier
15 g Back-Kakao
125 g Reismehl
100 g Kastanienmehl
40 g gemahlene Mandeln
10 g Kartoffelstärke
1 Päckchen Backpulver
1 TL rote Lebensmittelfarbe oder der Saft von 1 Rote Bete

Glasur:
300 g Rahmfrischkäse
120 g Puderzucker

In einer Schüssel die Milch mit dem Essig mischen.
In einer Rührschüssel die Butter mit dem elektrischen Mixer aufschlagen, um sie weich zu machen. Dann unter ständigem Weiterschlagen nach und nach den Zucker, dann die Eier zugeben. Den Kakao einrühren, dann die Milch-Essig-Mischung, die Mehlsorten, die gemahlenen Mandeln, die Stärke und das Backpulver. Den Farbstoff zugeben.

Eine Muffinform mit Förmchen von ca. 6 Zentimeter Durchmesser mit Backpapier auskleiden. Den Teig in die Förmchen verteilen und 12–15 Minuten backen. Aus dem Ofen holen, abkühlen lassen und aus der Form stürzen.

Für die Glasur in einer Rührschüssel den Frischkäse cremig schlagen und den durchgesiebten Puderzucker nach und nach einrühren.

Die Glasur mit Hilfe eines Spritzbeutels auf den Cupcakes dekorieren. Guten Appetit!

Pecan Pie

FÜR 4–6 PERSONEN • VORBEREITUNG: 20 MINUTEN • BACKZEIT: 1,5 STUNDEN • ABKÜHLEN: 1 STUNDE

Dieser Pekannusskuchen ist in meiner Familie legendär. Meine Mutter macht jedes Jahr an den Weihnachtsfeiertagen einen. Ich habe das Rezept geerbt und serviere den Kuchen bei Raumtemperatur mit frisch geschlagener Sahne. Ein Gedicht!

250 g Pekannüsse
100 g Butter
4 Eier
250 ml Ahornsirup
180 g Rohrohrzucker
1 Prise Salz
Butter für die Form

Teig:
100 g weiche Butter
50 g Puderzucker
200 g Weizenmehl
2g Salz
1 Ei
15 g gemahlene Mandeln

Für den Teig in einer Rührschüssel die weiche Butter und den Puderzucker mit dem elektrischen Mixer aufschlagen. Nach und nach das Mehl und das Salz, dann das Ei und die gemahlenen Mandeln zugeben und verkneten. Den Teig zur Kugel formen und in Frischhaltefolie gewickelt mindestens 1 Stunde im Kühlschrank ruhen lassen.

Den Ofen auf 160 °C vorheizen. Den Teig ausrollen und eine gebutterte Tarteform damit auskleiden. Auf den Teigboden Backpapier legen und mit Keramikkugeln oder trockenen Erbsen beschweren, dann für 30–35 Minuten in den Ofen schieben und blindbacken.

Die Pekannüsse auf einem Backblech verteilen, in den Ofen schieben und 10–12 Minuten rösten. Durchmischen und abkühlen lassen.

In einem kleinen Topf die Butter schmelzen. In einer Rührschüssel mit dem Schneebesen oder Rührgerät die Eier aufschlagen, dann den Ahornsirup, den Rohrohrzucker und das Salz unterschlagen. Nach und nach die geschmolzene Butter zugeben und dabei weiterschlagen.

Die Pekannüsse auf dem vorgebackenen Tarteboden verteilen und mit der Mischung übergießen. Noch einmal 50 Minuten bis 1 Stunde backen.

Key Lime Pie

FÜR 6–8 PERSONEN • VORBEREITUNG: 1 STUNDE • KÜHLEN: 30 MINUTEN • BACKZEIT: 25 MINUTEN

Ich liebe diesen Kuchen. Der griechische Joghurt ist leicht und frisch und die Limettenzesten verleihen dem Ganzen die nötige Säure.

1 Limette (bio) + 200 ml Limettensaft
4 Eigelb
300 ml Kondensmilch
1 Prise Fleur de Sel
250 ml Sahne
60 g Puderzucker
250 ml griechischer Joghurt

Teig:
110 g Butter
200 g Zucker
1 Ei
140 g Reismehl
115 g fein gemahlene Mandeln
30 g Kartoffelstärke
1 Prise Salz

Für den Teig in einer Rührschüssel die Butter mit dem Rührgerät aufschlagen. Unter Rühren nach und nach den Zucker, dann das Ei hinzugeben. In einer zweiten Schüssel die Mehlsorten, die Stärke und das Salz mischen. Alles in die Buttermischung rühren, bis ein glatter Teig entsteht. Eine Kugel formen, in Frischhaltefolie wickeln und mindestens 30 Minuten im Kühlschrank ruhen lassen.

Den Ofen auf 160 °C vorheizen. Eine Tarteform mit Backpapier auskleiden. Den Teig 1 Zentimeter dick ausrollen und die Form damit auskleiden. 10 Minuten vorbacken, bis der Teig goldgelb ist. Aus dem Ofen holen und abkühlen lassen.

Die Limettenschale fein abreiben. In einer Rührschüssel die Eigelbe mit der Kondensmilch 5 Minuten schlagen. Unter ständigem Weiterschlagen ¾ des Limettenabriebs, den Limettensaft und das Salz unterrühren. Die Mischung auf den abgekühlten Tarteboden geben und die Tarte noch einmal 15 Minuten in den Ofen schieben, bis die Masse leicht aufgeht.

In einer Schüssel die Sahne schlagen und den Puderzucker einarbeiten, dann nach und nach den griechischen Joghurt. Die Sahne mit einem Spatel auf der Tarte verteilen und dabei Spitzen formen. Mit dem restlichen Limettenabrieb dekorieren.

Schokokuchen mit Fleur de Sel

FÜR 6 PERSONEN • VORBEREITUNG: 5 MINUTEN • BACKZEIT: 15 MINUTEN

Das einzig wahre Schokokuchen-Rezept! Der Schlüssel zum Erfolg ist, den Kuchen nicht zu lang zu backen, damit er einen flüssigen Kern behält. Auf keinen Fall das Fleur de Sel vergessen, denn das balanciert die Bitterkeit der dunklen Schokolade aus.

40 g fein gemahlene Mandeln
60 g Reismehl
30 g Kartoffelstärke
300 g Zucker
120 g Butter
350 g dunkle Schokolade
3 Eier
1 Prise Fleur de Sel
30 g Puderzucker

Den Ofen auf 170 °C vorheizen. In einer Rührschüssel die beiden Mehlsorten, die Stärke und den Zucker mischen.

In einem Topf die Butter schmelzen. Die Schokolade in Stücke brechen und in der Butter schmelzen lassen, dabei mit einem Holzlöffel umrühren. Die trockenen Zutaten unterrühren, dann nach und nach die Eier und am Ende das Fleur de Sel.

Den Teig in eine mit Backpapier ausgekleidete Kuchenform gießen und 15–25 Minuten backen, je nach Größe der Form. Wenn der Kuchen fertig ist, aber noch einen flüssigen Kern hat, herausnehmen und mit Puderzucker bestäuben.

Cookies mit Tahini & Schokolade

FÜR 8 COOKIES • VORBEREITUNG: 15 MINUTEN • KÜHLZEIT: 15 MINUTEN • BACKZEIT: 8 MINUTEN

Das Originelle an diesen Cookies ist die Tahinipaste, die sie weich macht und ihnen einen delikaten Geschmack verleiht. Wenn sie aus dem Ofen kommen 5 Minuten ruhen lassen und erst dann servieren.

80 g Butter
100 g Rohrohrzucker
2 EL Tahini
1 Ei
100 g dunkle Schokolade
45 g Haselnüsse
45 g Mandeln
60 g Reismehl, mittel ausgemahlen
45 g Kastanienmehl
30 g gemahlene Mandeln
1 Prise Fleur de Sel
1 Prise Sesam

Den Ofen auf 170 °C vorheizen. Zwei Backbleche mit Backpapier auskleiden.

In einer Schüssel die Butter, den Zucker und die Tahini schlagen, bis eine glatte, cremige Konsistenz entsteht. Das Ei einrühren.

Die Schokolade, die Haselnüsse und die Mandeln grob hacken. In einer zweiten Schüssel die beiden Mehlsorten, die gemahlenen Mandeln und das Salz mischen. Mit einem Spatel unter die Buttermischung heben, ebenso die Schokolade, die Mandeln und die Haselnüsse.

Den Teig in Portionen teilen und auf den Backblechen verteilen, dabei leicht verstreichen und aufpassen, dass genug Platz zwischen ihnen bleibt. Für 15 Minuten kühl stellen.

Die beiden Backbleche für 8 Minuten in den Ofen schieben, bis die Cookies leicht goldbraun sind. Abkühlen lassen und vor dem Servieren mit Sesam bestreuen.

Saucen, Pickles & Co

Ausschlaggebend für ein Gericht ist die Würze! Dies ist also das wichtigste Kapitel dieses Buches. Hier finden sich verschiedene Saucen, die etwas aufwändiger sind, wie die Sauce Gribiche, aber auch ganz einfache Vinaigrettes. Man kann sie gut vorbereiten, damit spart man Zeit, wenn man die Gerichte kocht.

VINAIGRETTES
SAUCEN
GEWÜRZE
PICKLES
...

Vinaigrettes

FÜR 150 ML • ZUBEREITUNG: 3–4 MINUTEN

1 Korianderpesto

½ Bund Koriander
½ Bund glatte Petersilie
½ Schalotte
1 TL Honig
Saft von 1 Zitrone
200 ml Olivenöl
Salz und Pfeffer

Die Blätter von Koriander und Petersilie hacken. Die Schalotte schälen und halbieren. Alle Zutaten 1 Minute im Mixer mixen. Das Pesto sofort verwenden.

2 Senf-Vinaigrette

1 Knoblauchzehe
2 EL grober Senf
4 EL weißer Balsamico
1 EL Ahornsirup
3 EL Olivenöl
Salz und Pfeffer

Den Knoblauch schälen und hacken, dann in eine Schüssel geben, die anderen Zutaten unter ständigem Rühren zugeben.

3 Honig-Vinaigrette

1 EL grober Senf
2 EL Apfelessig
Saft von ½ Zitrone
1 EL Honig
150 ml Olivenöl
Salz und Pfeffer

In einer Schüssel den Senf mit dem Essig und dem Zitronensaft verrühren, dann mit dem Honig und dem Öl, bis eine homogene Mischung entsteht. Mit Salz und Pfeffer würzen.

4 Mango

1 Mango
½ Bund Koriander
½ grüne Chili
2 EL weißer Balsamico
2 EL Olivenöl
Salz und Pfeffer

Die Mango schälen und vom Kern befreien. Das Fruchtfleisch in Stücke schneiden. Den Koriander abzupfen. Die grüne Chilischote von den Kernen und dem Stielansatz befreien. Alle Zutaten 1 Minute im Mixer mixen, bis eine homogene Masse entsteht.

Saucen

FÜR 150 ML • ZUBEREITUNG: 3–10 MINUTEN

1 Chimichurri

1 Jalapeño-Paprika
1 Schalotte
2 Knoblauchzehen
½ Bund Koriander
½ Bund glatte Petersilie
120 ml Apfelessig
200 ml Olivenöl
1 TL getrockneter Oregano
Salz und Pfeffer

Die Jalapeño-Schote von den Kernen befreien und fein würfeln. Die Schalotte und den Knoblauch schälen, dann fein hacken. Die Kräuter hacken. Alles in einer Schale vermischen, dann den Essig, das Olivenöl und den Oregano zugeben. Wenn nötig, mit Salz und Pfeffer würzen.

2 Gribiche

4 Eier
2 EL eingelegte Schalotten
2 EL eingelegte Gurken
2 Stiele glatte Petersilie
2 Stiele Dill
2 EL Kapern
1 EL Senf
159 ml Olivenöl
2 EL weißer Balsamico

Die Eier in 10 Minuten hart kochen. Abgießen, in kaltem Wasser abkühlen und schälen, dann halbieren. In einer Schüssel die Vinaigrette aus Öl, Essig und Senf anrühren. Die Pickles in einen tiefen Teller geben. Die gehackten Kräuter zugeben. Die Eier und die Kapern darauf verteilen, dann mit der Vinaigrette übergießen.

3 Tahini

1 Knoblauchzehe
1 cm Ingwerwurzel
6 EL Tahini
2 EL Tamari-Sojasauche
2 EL Ahornsirup
2 EL Reisessig
1 EL Olivenöl

Den Knoblauch und den Ingwer schälen und in Stücke schneiden. In einem Mixer alle Zutaten mit 3 EL Wasser 1 Minute lang pürieren. Wenn nötig, mit Wasser weiter verdünnen.

4 Die Scharfe

10 Jalapeño-Paprika
250 ml Olivenöl
1 EL Honig
1 EL Zitronensaft
Salz und Pfeffer

Die Jalapeños von Kernen und Stielansatz befreien und in grobe Stücke schneiden. Alle Zutaten 1 Minute im Mixer mixen.

Pickles

FÜR EIN 1-LITER-WECKGLAS • VORBEREITUNG: 10 MINUTEN • ZIEHEN LASSEN: 10 TAGE

Pickles verfeinern jedes Rezept. Die Vorgehensweise ist bei jedem Gemüse gleich. Für eingelegtes Obst darf kein Knoblauch mit in die Lake. Es fällt manchmal schwer, 10 Tage zu warten, aber ich kann euch versichern: Ihr werdet es nicht bereuen!

65 g Salz
2 Knoblauchzehen
8 Gurken oder anderes Gemüse nach Wahl
1 EL Selleriesaat
1 EL Senfkörner
1 EL Dillsaat
4 Zweige Dill (oder Rosmarin)

Das Salz in einem großen Weckglas mit 800 ml Wasser mischen.

Den Knoblauch schälen und die Zehen mit einem Messer quetschen. Das Gemüse in Stifte oder Stücke schneiden. Zusammen mit allen Samenkörnern und den Dillzweigen in die Weckgläser füllen.

Das Weckglas luftdicht verschließen und 10 Tage kühl stellen und unbedingt jeden Tag umdrehen, damit sich der Inhalt gut vermischen kann.

Marinierte Eier

FÜR EIN 1-LITER-WECKGLAS • VORBEREITUNG: 10 MINUTEN • GARZEIT: 8 MINUTEN • ZIEHEN LASSEN: 24 STUNDEN

Marinierte Eier sind der Imbiss der Cowboys in den USA; dort werden sie oft mit einem Bier in den Bars serviert. Mir gefällt die Vorstellung, ein bisschen Western-Feeling auf dem Teller zu haben! Außerdem ist es eine gute Art, Eiweiß zu essen, und der Hauch Essig ist köstlich.

6 Eier
500 ml weißer Balsamico
120 g Zucker
1 gute Prise Salz
1 Handvoll Salbei oder Hibiskus

Die Eier 8 Minuten kochen, dann unter kaltem Wasser abkühlen.

In einem Weckglas den Essig, den Zucker, das Salz und den Salbei mischen. Die Eier schälen und in die Flüssigkeit geben. Das Weckglas luftdicht verschließen. Mindestens 24 Stunden marinieren lassen, dabei ab und zu bewegen, damit sie gleichmäßig durchziehen. Sie halten sich bis zu zwei Wochen.

BREVETEE

Salzzitronen

FÜR EIN 1-LITER-WECKGLAS • VORBEREITUNG: 10 MINUTEN • ZIEHEN LASSEN: 3 WOCHEN

Was für eine schöne Art, die Zitrone zur Geltung zu bringen! Ich empfehle Salzzitrone in ganz kleine Stücke geschnitten in Quinoa- oder Reissalaten oder in Soßen mit griechischem Joghurt.

4 Zitronen
6 TL Salz

1 Liter Wasser aufkochen und abkühlen lassen.

3 Zitronen einschneiden, als wollte man sie vierteln, aber nicht ganz durchschneiden. 1 Prise Salz in alle Einschnitte schieben.

Den Boden eines Weckglases mit Salz bestäuben. 3 Zitronen in das Glas legen, einen Einschnitt nach unten. Mit dem restlichen Salz bestreuen. Die vierte Zitrone darüber auspressen.

Mit Wasser auffüllen und 3 Wochen durchziehen lassen. Die selbstgemachten Salzzitronen halten sich bis zu zwei Wochen.

Gewürzmischung à la KEÏLI

FÜR 70 G • ZUBEREITUNG: 5 MINUTEN

2 EL gemahlener Kreuzkümmel
2 EL gemahlener Zimt
2 EL gemahlenes Kurkuma
2 EL gemahlener Koriander
1 Prise Cayennepfeffer
1 EL gemahlener Ingwer
1 EL gemahlener Kardamom

Alle Gewürze in einer Schale mischen. In einem luftdicht verschlossenen Gefäß hält sich die Mischung bis zu 6 Wochen.

Dukkah

FÜR 70 G • ZUBEREITUNG: 5 MINUTEN

1 EL gemahlener Zimt
1 TL geriebene Muskatnuss
2 EL Kräuter der Provence
2 EL Sesamsaat
1 EL gehackte oder gemahlene Haselnüsse

Alle Gewürze in einer Schale mischen. In einem luftdicht verschlossenen Gefäß hält sich die Mischung bis zu 6 Wochen.

Rezeptübersicht

ABENDESSEN

DESSERTS

SAUCEN, PICKLES & CO

Index

Dank

Die Entstehung dieses Buches ist das Ergebnis der Zusammenarbeit einiger fantastischer Menschen.

Zunächst einmal: danke, Marine, für deine unermüdliche Arbeit, deine Hingabe aber auch für dein unerschütterliches Vertrauen in mich.

Danke, Mom and Dad, für eure außergewöhnliche Unterstützung und eure Liebe.

Danke, Philipp, mein lieber Ehemann, dass du mich jeden Tag ermutigst, dass du der größte Fan meiner Küche bist, und das trotz deiner Herkunft und deiner Liebe zu deutscher Wurst.

Danke, François, dass du dich bereiterklärt hast, die andere Säule des KEÏLI hinter den Kulissen zu sein. Du warst der erste Mensch, der an mich geglaubt hat. Danke für deine Belastbarkeit und dafür, dass wir dank dir zu zweit stark sein können.

Danke, Scarlette, dass du mir das Team von Marabout vorgestellt hast. Ohne dich hätte dieses Buch niemals das Licht der Welt erblickt.

Danke an Nova Ray, meine Tochter, dass du das Licht meines Lebens bist und eine große Inspiration für meine Rolle als Mutter und Ehefrau.

Danke an alle meine Freunde. Ich bin euch so dankbar für eure unglaubliche Energie, die Liebe, die Unterstützung, das Interesse und die Hingabe, die ihr bewiesen habt und die dafür gesorgt haben, dass dieses Projekt Gestalt annehmen konnte.

Danke, Sandra, dass ich mich über deine wundervollen Fotografien ausdrücken durfte. Du hast die Essenz meiner Küche perfekt in Bilder umgesetzt.

Danke, Galatéa, dass du dich so engagiert hast, um aus diesem Buch das zu machen, was es jetzt ist.

Umschlaggestaltung oder Gestaltung: Finken und Bumiller, Stuttgart
Alle Fotos: Sandra Mahut
Aus dem Französischen von Karen Gerwig
Satz: Schwabenverlag AG, Ostfildern

Gedruckt in China
ISBN 978-3-7995-1513-9 (Print)
ISBN 978-3-7995-1527-6 (eBook)